CAIO ZIP

O VIAJANTE DO TEMPO

CAIO ZIP

O VIAJANTE DO TEMPO

NAPOLEÃO BONAPARTE NA RÚSSIA

REGINA GONÇALVES

2ª Edição

VIAJANTE DO TEMPO EDITORA

Rio de Janeiro
2017

Projeto da capa e miolo: Rafael Nobre | Babilonia Cultural | e Vanessa Rosa
Revisão e diagramação: Regis L. A. Rosa

2ª edição - 2017

editoraviajantedotempo@gmail.com www.viajantedotempo.com

CIP-BRASIL. CATALOGAÇÃO-NA-FONTE
SINDICATO NACIONAL DOS EDITORES DE LIVROS, RJ

G629n
2. ed.
Gonçalves, Regina, 1963-
Napoleão Bonaparte na Rússia / Regina Gonçalves. – 2.ed. – Rio de Janeiro : Viajante do Tempo, 2017.
140 p. : il. ; 23 cm (Caio Zip, o viajante do tempo)
ISBN 978-85-63382-66-5
1. Napoleão I, Imperador dos franceses, 1769-1821 - Ficção. 2. Guerras Napoleônicas, 1800-1815 - Campanhas - Rússia - Ficção. 3. Ficção brasileira. I. Título. II. Série.
17-43935 CDD: 869.93
CDU: 821.134.3(81)-3

SÉRIE DE LIVROS
CAIO ZIP, O VIAJANTE DO TEMPO

O jovem Caio Zip é capturado por uma máquina do tempo que o leva a lugares inesperados em momentos decisivos da História mundial.

ESTA SÉRIE BRASILEIRA FOI PUBLICADA POR GRANDES EDITORAS NA CHINA E NA COREIA DO SUL.

CAIO ZIP, O VIAJANTE DO TEMPO

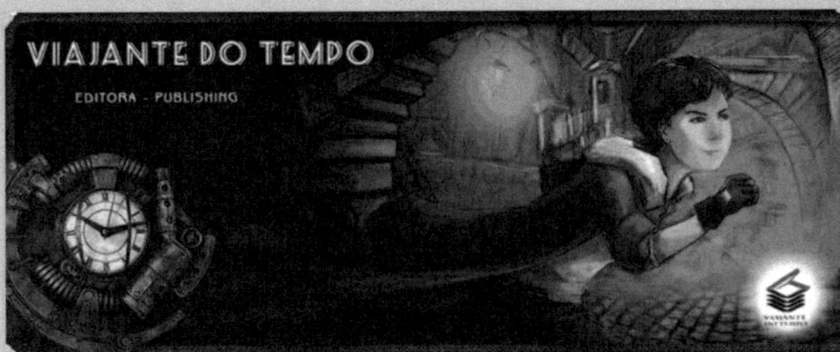

Cada livro da série será seu passaporte para que você faça uma grande viagem no tempo. Sem malas, sem documentos e com Caio Zip, você vai viver em épocas incríveis que vão desde o Antigo Egito, passando por momentos históricos decisivos com Tutancâmon, Ramsés II, Alexandre - o Grande, Aníbal de Cartago, Arquimedes, Marco Polo, Napoleão, os artistas impressionistas, D. Pedro II, Santos Dumont, Einstein, Picasso, Agatha Christie, Chaplin e mais, muito mais.

Caio Zip terá de encarar enigmas que desafiarão a sua mente. Muitas batalhas para lutar e conquistar grandes conhecimentos... Se sobreviver! Mas para sair das encrencas tem de usar o seu maior poder, que mesmo sem perceber ele usa muito bem: o poder da dedução!

Finalmente, você vai ver História, Arte, Filosofia e Ciência combinadas e integradas de uma forma nunca vista. A proposta da série é divertir, educar e atiçar a curiosidade de outro viajante do tempo: o leitor!

CAIO ZIP é um jovem, como tantos outros, que gosta de computador, jogos, séries, futebol e a sua maior paixão: o skate.

Sentindo-se sufocado com os pais cobrando o tempo todo uma melhor nota na escola, Caio foi rondar sem rumo pela internet. De repente, ouviu um *bip*. Era um *e-mail*, vindo sabe-se lá de onde. Caio abriu e leu:

Bem-vindo, caro amigo curioso.

Quem resolver este enigma salvará o ser vivo que mais precisa de ajuda para não ser extinto.

Enigma dos tempos:
De manhã sou inocente
De tarde sou caçador
No outro dia...
Abandono
Tudo e a todos a minha volta.
Quem sou eu?

Resolva o enigma o mais rápido possível!

Caio ficou olhando, olhando, pensando... E, por fim, digitou a resposta e... Zás, sumiu, tragado por uma espécie de túnel do tempo, levado em uma missão involuntária a civilizações do passado, presente, futuro e dimensões paralelas.

Assim começa a série de livros de ficção histórica Caio Zip – o Viajante do Tempo, dedicada a jovens e adultos. São histórias de mistério e suspense que combinam e integram diversos campos do saber, tais como história mundial, arte, filosofia, ciências e muito mais. A proposta da série é divertir, educar e atiçar a curiosidade de outro viajante do tempo: o leitor!

Caio Zip participa de descobertas e de momentos decisivos da História Mundial. A cada aventura vai amadurecendo e aprendendo que, para sair das encrencas, tem de usar o seu maior poder, que mesmo sem perceber ele usa muito bem: o poder da dedução!

Pelo portal do tempo, Caio Zip avança a seu destino.

Próxima aventura:

NAPOLEÃO BONAPARTE NA RÚSSIA

SUMÁRIO

Amor é vida. Tudo, tudo que eu compreendo, eu compreendo somente porque eu amo. Tudo é, tudo existe, somente porque eu amo. Tudo está unido somente por ele. Amor é Deus, e morrer significa que eu, uma partícula de amor, devo retornar para a fonte geral e eterna.

Leon Tolstoy

Homenagem

Eu gostaria de prestar homenagem ao excepcional escritor russo Leon Tolstoy, cuja obra-prima "Guerra e Paz" trouxe-me a inspiração para escrever esta obra.

Regina Gonçalves

1- Borodino

O campo de batalha é uma cena de constante caos. O vencedor será aquele que controlar ambos os caos, o seu próprio e o do inimigo.

Napoleão Bonaparte

Um pôr do sol. Era tudo o que o jovem Caio Zip conseguia identificar, enquanto a nuvem azulada do portal do tempo se dissipava, assim, deixando o seu viajante ali, desamparado. Como estava frio! Sem parar de tremer, Caio Zip olhava para o chão quando viu que seus pés estavam afundando numa terra úmida, embebida em sangue de uma multidão de soldados feridos ou mesmo sem vida. A relva estava coberta por baionetas, espadas e uma fumaça negra que exalava um forte cheiro de enxofre. As nuvens aglomeradas liberaram uma pequena chuva que, aos poucos, limpou a terra dos vestígios da grande tristeza.

No meio daquela paisagem sem cor, homens, de dois exércitos distintos, procuravam resgatar seus mosquetes, seus canhões e seus feridos. Eles, por vezes, esbarravam-se, contudo nem se importavam mais por se encontrarem diante do inimigo. Suas feições eram de guerreiros cansados demais para lutar ou sequer aceitar provocações. Seus comportamentos lembravam lutadores de boxe que, após exaustivos combates, após trocarem dezenas de golpes, são forçados a abraçarem-se para se manter de pé.

Os últimos raios de sol, já enfraquecidos, deixavam a terra carente de brilho e de calor. Caio já estava agasalhado com uma casaca longa de um dos soldados fora de combate quando um grupo de homens se aproximou. Ficou mudo ao reparar naqueles sujeitos de barbas espessas, alguns carregando foices e outros bastões de pastor, um verdadeiro exército de camponeses. O homem mais velho, exibindo uma boca desdentada, ofereceu ajuda ao garoto desconhecido que, apesar de agasalhado, mantinha-se agachado tremendo de frio. Sem perder mais tempo, o grupo foi levando Caio para o alto de um morro. Era difícil de desviar das inúmeras trincheiras no caminho, que mais pareciam covas guardando os soldados abatidos pela pesada artilharia. Do alto do morro, podia-se avistar campos de centeio queimados pela geada e, mais adiante, surgia uma estrada recém-aberta para facilitar a passagem dos canhões até as trincheiras que alguns soldados cavavam. Caio ficou impressionado com o imenso barulho vindo das rodas que sofriam ao mover as carroças no caminho lamacento. Não ficava atrás o som ensurdecedor dos relinchos e dos cascos dos cavalos que estavam a puxar os canhões. O congestionamento só parecia piorar com os gritos de ordens de vários oficiais que provocavam o ziguezague de centenas de soldados, alguns carregando baionetas, outros levando feridos para carroças e outros poucos encarregados do mórbido serviço de amontoar os corpos dos antigos companheiros. Caio foi levado para uma das carroças abarrotadas de feridos. Antes de subir pela parte de trás, tratou de tirar o seu boné, deixando o cabelo castanho-escuro mais desgrenhado, guardou-o no bolso do fino bermudão e enfiou um bom gorro de pele que achou caído no chão.

Enquanto a tropa de feridos se colocava em curso, Caio aproveitou para dar uma última olhada a fim de tentar descobrir onde estava, mas não adiantou. O campo de batalha era longe de qualquer lugar habitável. Não havia nenhuma construção por ali. Tudo que restava era uma pequena enxurrada de homens a cavalos que eclodia seus escassos gritos de guerra. Por todo o horizonte enegrecido, ainda, era possível ver pequenos focos de incêndio e, de muito longe, podia-se escutar o barulho abafado de canhões, como trovões emanados pela terra ferida. Por fim, a brisa trazia o som de uma esgotada corneta.

Um pouco mais tarde, a caravana seguiu em retirada, acompanhando os milhares de soldados e formada por diversos regimentos.

Os homens, com os rostos cobertos por uma fuligem acinzentada e espremidos na carreta, nem se importaram com a presença de Caio. Sentado bem à frente, estava um rapaz loiro, uniformizado, muito jovem, que, ao tossir, cuspia um pouco de sangue. Caio percebeu que, no ombro do jovem soldado, havia uma ferida aberta provocada, provavelmente, por uma bala. Um homem de pele e olhos muito claros, ao lado de Caio, com um lenço amarrado na cabeça ensanguentada, arrastou-se até o loiro. Sem pensar duas vezes, rasgou sua camisa em trapos e, com o pano, comprimiu a ferida para estancar a hemorragia do colega.

Caio, todo molhado, sentindo seus pés gelados, tentou enrolar-se no casaco como se este fosse um cobertor, mas estava difícil. Suas mãos, endurecidas, custavam a obedecer.

Passado um tempo naquela estrada, Caio, meio zonzo, só conseguia reparar que os poucos soldados que conversavam sempre se referiam ao estranho nome "Borodino".

Depois de enfrentar horas de solavancos da frágil carroça, o regimento pernoitou perto de uma aldeia, onde havia uma igreja branca, na qual os padres ofereceram ajuda aos desamparados.

Os religiosos e os camponeses da região serviram um pouco de uma espécie de sopa feita de sobras de carne e legumes em volta das fogueiras. Caio comeu o prato, que lembrava o estrogonofe da sua mãe, com uma colher de pão improvisada que, depois, foi devorada até o último pedaço. Após a farta refeição, deitou-se num amontoado de feno compartilhado com os demais feridos, mas, apesar de cansado pela dura viagem, não conseguiu pregar os olhos a noite inteira. Seu corpo tremia, mesmo estando tão perto da fogueira, sua cabeça estava pesada, seus olhos castanho-escuros lacrimejavam e sua garganta doía demais. As fortes dores no seu corpo, ardendo em febre e coberto pelo suor frio, faziam-no sentir como se estivesse deitado em cima de centenas de alfinetes. Ele bem que tentou dizer algo, mas sua voz não saía.

Com os primeiros raios de sol, o regimento de cavalaria que cruzava o comboio de carroças continuou sua interminável viagem. Às vezes, passava diante deles um grupo formado por milhares de soldados vestidos com uniformes impecáveis, marchando em direção ao campo de batalha deixado para trás. Eles acenavam para os colegas abatidos com largos sorrisos sem perceberem que estavam diante do seu futuro próximo.

Depois disso, Caio e seu grupo atravessaram uma ponte que desembocou numa floresta de tom amarelo, onde um pequeno convento com uma cruz no alto da torre brilhava sob a luz forte do sol, e mais uma massa de camponeses vinha ao seu encontro. Na margem da estrada, havia uma pequena placa de madeira fincada no solo, na qual Caio ouvia com muita dificuldade alguém dizer que se tratava do nome da cidade em que se encontravam, Kolotzki. Bem mais adiante, durante o trajeto, os soldados iam pronunciando outros nomes estranhos como: Kolotcha, Moscowa, Bezubovo e Zakharino.

Por se encontrar tão enfraquecido, Caio já tinha perdido a noção das horas e dos dias e, a cada minuto, a dificuldade de permanecer consciente se tornava mais sofrida. De dia, avistava, com olhos que lacrimejavam, campos de trigo borrados, planícies distorcidas, rios largos e sem fim. O tedioso sobe e desce dos morros somente era quebrado pela presença de mais tropas acampadas ao longo da estrada. À noite, adormecia, encolhido, próximo às fogueiras que não conseguiam extinguir seu frio. Caio queria saber para onde estava indo, mas sua cabeça, que não parava de girar, não permitia e, como se não bastasse, agora, estava obrigando-o a ficar deitado de vez.

Finalmente, a tropa alcançou uma grande cidade. Esta, com enormes construções, casas, lojas, tabernas, estábulos... Ao passarem pelas ruas, Caio ficou intrigado. Sua visão, já bem afetada, fazia-o acreditar que estava diante de milhares de homens, mulheres e crianças sem rostos que andavam apressados carregando imensos sacos, móveis de madeira e caixotes contendo porcelanas acomodadas em monte de feno, cristais, que cintilavam à luz do sol e imensos quadros com pesadas molduras douradas.

As carroças com os soldados passavam, com dificuldade, pelas ruas obstruídas por outras carroças estacionadas, entupidas de armamentos como canhões que estavam sendo desmontados e arrastados para serem levados na mudança.

As pessoas mais humildes, que carregavam apenas um saco com seus pertences, pediam carona aos criados que se amontoavam junto aos móveis dos patrões. Cavalheiros, usando calças curtas e justas, casacas com golas altas e costeletas ao longo dos cabelos curtos, e damas com vestidos armados arrastando pelo chão, cuidavam dos últimos detalhes para, depois, seguirem a evacuação da cidade em luxuosas e espaçosas carruagens.

– Trezentos! Quatrocentos rublos! Agora, custa quinhentos! – gritava um homem no meio da rua, ofertando uma das poucas e preciosas carretas ainda vazia.

– Cento e cinquenta! Cinquenta rublos! – gritava alucinado outro homem vendendo móveis, roupas finas e até joias. – Cem rublos!

No meio dessas visões duplas, a febril multidão vagava à procura de alguém que a conduzisse e cobrasse ordem daquela loucura. Uns poucos nobres, sensíveis à dor, retiravam seus pertences das suas carroças para acomodar os soldados feridos em padiolas tombadas nas calçadas.

Caio, atordoado com aquele surto de gritos, saiu cambaleando da carroça. Ao tentar atravessar a rua, no meio daquele alvoroço, sentiu empurrões que o fizeram cair na rua congestionada. Foi nesse momento que viu, contra a luz do sol, o vulto negro de um imenso cavalo com as duas patas levantadas sobre sua cabeça. Assustado, tentou se proteger com os braços, esperando pelo pior. Mas a sorte foi seu escudo. Um jovem baixo, moreno e com cabelos cacheados e curtos se colocou entre o indefeso e o cavalo, fazendo de tudo para segurar as rédeas do animal descontrolado. Com a ajuda de outros, o cavalo, voltando a si, foi levado para longe dali. O moreno, ofegante, aproximou-se de Caio ainda estirado no chão.

– Essa foi por pouco. Você está bem? – Caio, confuso, não respondeu ao salvador. O jovem, ajeitando seus pequenos óculos, continuou. – Venha! Vamos sair da rua. Você consegue andar?

Caio, apoiado no moreno, foi aos poucos caminhando na direção de uma senhora de cabelos ruivos. De súbito, arregalou os olhos e, muito emocionado, abraçou-a. A mulher, quase caindo com o peso do garoto, segurou-o com a ajuda do homem ao seu lado. Caio sorriu para ela e com uma voz rouca gritou:

– Mmmmaaaaaãeeee! – a mulher, espantada, quase largou Caio

que sustentava um olhar carente. – Que bom que está aqui, mãe! – já sem forças, Caio deu um beijo na senhora e, escorregando do colo aconchegante, perdeu de vez a consciência.

Caio desabara de tanto cansaço e passou a ter terríveis pesadelos. Em seu sono tumultuado, ele via choques de multidões de soldados armados de baionetas, atacando e dilacerando-se ferozmente, em meio a cortantes gritos de dor, ora abafados pelo barulho ensurdecedor dos canhões. Essas imagens se confundiam também com outras de batalhas mais antigas, que ele presenciara em suas viagens no tempo.

Em meio a essas cenas de delírios, às vezes, Caio via o rosto angelical de uma mulher de cabelos castanhos, presos, que trazia ora uma sopa, a qual oferecia de colher para ele que mal conseguia levantar a cabeça, ora um lenço molhado, o qual colocava na testa do acamado.

Em outros momentos, Caio via a mulher que, ele, equivocado, pensara ser sua mãe. Ela, sempre com muita paciência, obrigava o doente a parar de falar sobre histórias estranhas de viagens no tempo e a beber um remédio muito amargo. As imagens estranhas que fervilhavam na cabeça de Caio, aos poucos, foram desaparecendo. Em seu lugar, já podia visualizar um quarto iluminado por castiçais e completamente vazio. Caio esforçava-se em tentar alcançar um jarro de água ao seu lado, perto da cama feita de um monte de feno, onde se encontrava, coberto por um pesado casaco de pele. Quase derrubando o copo, bebeu a água em grandes goles e, depois, jogou o resto na sua cabeça. Após um tempo, sentindo-se melhor, vestiu o casaco e decidiu sair dali. Procurou por seus tênis e os achou perto da lareira acesa.

Ao andar pelos corredores da suntuosa casa, estranhou ao verificar que havia poucos móveis e objetos. Pareciam ser de uma época muito antiga, mas não havia nada que pudesse dar-lhe uma ideia precisa de onde poderia estar. O lugar, pouco iluminado, exalava um forte mistério no ar. Caio, em passos curtos, ouvia apenas o ronco insistente do seu estômago vazio. Ele já se encontrava num salão do primeiro andar, quando vozes, vindas detrás de uma porta, atraíram-no. Afoito, ao aproximar-se do local, acabou escorregando num tapete no chão liso e esbarrando na porta que se abriu bruscamente.

Buuuummmmm!!!

2 - O Atentado

Se eu pareço estar sempre bem preparado, é porque antes de entrar em um empreendimento eu medito por muito tempo e prevejo o que pode acontecer. Não é um gênio que revela para mim de repente e secretamente o que eu devo fazer em circunstâncias inesperadas para os outros; é pensamento e preparação!

Napoleão Bonaparte

– O que foi isso!? – gritou um homem de estatura baixa, rosto arredondado, cabelos e olhos pretos, trajando um uniforme carregado de medalhas, que estava atrás de uma mesa, cercado por outros cavalheiros com trajes semelhantes.

Caio, imóvel no chão, percebeu que, após o susto, os homens correram em sua direção, mas, ao invés do que esperava, ignoraram a sua presença e perseguiram um vulto coberto pela cortina de uma grande janela, atrás da porta entreaberta.

O fugitivo, que ninguém conseguiu ver direito o rosto, tentando retardar o grupo, jogou sua pistola em cima dos oficiais e pulou da sacada. Um dos homens, armado, atirou em direção à imensa escuridão que cercava o pátio da casa.

– Chamem as sentinelas! – ordenou o líder. – Vasculhem a área!

Alguns dos presentes foram chamar os guardas em frente à casa, enquanto outros dois finalmente pegaram Caio e o levaram diante do chefe que, agora, saíra de perto da mesa. Franzindo os olhos, o homem falou para o garoto num tom enérgico:

– Seja quem for, rapaz, cumpriu o seu dever evitando a minha morte – o homem voltou para a mesa e sentou-se com a postura de um rei, enquanto um dos oficiais que havia saído em perseguição retornava noticiando:

– Sire, não há nenhum sinal do intruso. Não há ninguém nas redondezas. Nossos soldados disseram que não viram nenhum movimento pelos jardins da casa.

– Pois deixem que vá, meu caro marechal. Mais cedo ou mais tarde, meus novos súditos irão se convencer de que só estou aqui, em minha Moscou, para conquistar a paz e a felicidade de todos. Serei clemente com esses pequenos homens sem visão.

– Vossa Majestade, como sempre, é justo.

– Sem justiça só há adversários, os opressores e as vítimas, meu caro Ney! – o líder olhou fixamente para Caio que ainda estava sendo detido pelos braços e continuou. – E mais vale ter um inimigo conhecido do que um amigo forçado, não acha, rapaz? Afinal, quem é você?

– Sou Caio Zip! – o garoto nesse momento forçou para que o soltassem e, num tom irônico, completou. – E quem é Vossa Majestade?

– Cuidado, rapazinho! – reclamou o marechal Ney. – Sua ignorância pode lhe ser fatal.

Nesse instante, uma jovem entrou na sala correndo. Caio a reconheceu como sendo a bela visão que cuidara dele durante a febre.

– Por Deus, o que houve? – disse a jovem, aflita. – Ouvi um tiro.

– Não foi nada, minha cara! – respondeu o líder, sentado, sorrindo. – Foi apenas mais uma tentativa contra a minha vida, contra a minha figura soberana, mas deixe estar, esses conspiradores do império napoleônico ainda terão sua merecida punição.

– Ele fugiu? – a mulher olhava para todos os lados, apertando as mãos uma contra a outra. – Alguém se feriu?

– Felizmente, estão todos bem, minha cara Natasha, mas acho que acertei o maldito – Ney, com ar de superioridade, aproximou-se da jovem, cordialmente, beijou a sua mão delicada e trêmula e, num tom sedutor completou. – Pelo menos, esse triste episódio foi capaz de fazê-la sair dos seus aposentos e afastá-la de seus estimados feridos da ala oeste. Talvez, um dia eu também possa convencer os seus pais a saírem de lá e, assim, verem que não somos o mal que eles imaginam.

– Talvez, quando não se sentirem mais prisioneiros na própria casa, eles possam mudar de ideia. Quanto aos meus cuidados com os feridos, tenho certeza de que concordará que só estou tentando amenizar o sofrimento das pobres almas – o marechal teimava em segurar a mão da jovem que, zangada, puxou-a de forma áspera. – E não se esqueça, marechal, que ainda espero meu amado marido, o príncipe Sputnik, que brevemente regressará para seu lar e para mim. – Natasha olhou com repulsa para o marechal e tentou desconversar se voltando para Caio. – Você não devia ter saído do quarto, meu irmãozinho.

– Irmão?! – espantou-se Caio.

A jovem, num sorriso maroto, brincou.

– Claro! A não ser que você tenha deixado de tratar minha mãe como sendo a sua.

– Sua mãe? Ah, agora me lembro! Sua mãe é a mulher ruiva que eu vi na rua? – confirmou a jovem, acenando com a cabeça. – Puxa, que mancada! Ela deve ter ficado chateada com a confusão? Eu acho que devo desculpas. Dei muito trabalho, não é?

– Oh, não! Fique calmo! Nem pode imaginar como você foi maravilhoso. Cuidar de você fez com que minha mãe voltasse a querer viver novamente.

– Eu não tô entendendo nada. Como eu pude ajudar dando trabalho?

– Minha mãe é a condessa Sonia Gagarin – explicou Natasha, passando os dedos no rosto do garoto. – Uns dias antes de vê-lo pela primeira vez, ela recebeu a amarga notícia. Através de um dos feridos da primeira leva, ficamos sabendo que meus três irmãos tinham morrido durante a batalha em Borodino. Meu pai, que estava arrumando tudo para nossa saída, ficou sem rumo ao ver minha mãe tão abatida, quase enlouquecida. Quando você chegou com o último comboio dos feridos e a chamou de mãe, eles pensaram que se tratava de um sinal de Deus. Por isso, nós o acomodamos aqui em casa. Você foi o doce remédio para minha mãe voltar a sorrir, principalmente contando aquelas suas criativas histórias.

– Ah! – interferiu Ney estalando os dedos. – Napoleão, esse é o rapaz lunático, o das histórias sobre viagens no tempo, de quem ouvimos falar. Pelo que soube, esse louco estava acamado desde que os cidadãos de Moscou abandonaram a cidade.

Caio, zangado, voltou-se para o marechal que estava rindo.

– Lunático é seu pai!

– Eu já avisei para ter cuidado, rapazinho, ou eu o faço voltar para a cama definitivamente.

– Não tenho medo de suas ameaças.

– Que interessante! – disse Napoleão, balançando a cabeça. – Não acha que está em minoria para tamanha ousadia, garoto?

– Minoria! Eu não preciso de ajuda para me defender. Eu não sou covarde.

– Bem respondido! – admirou-se Napoleão. – Rapaz, você irá longe.

– Nem sabe o quanto – sussurrou Caio sem que ninguém ouvisse.

– Meu marechal, essa não é a maneira de tratar alguém que salvou a vida de vosso imperador – reclamou Napoleão, franzindo a testa. – Vamos todos sentar e acalmar-nos. É nessas horas que vejo que os homens geralmente não passam de crianças adultas – o líder colocou a mão por debaixo do colete e comprimiu a barriga. – Essa discussão me abriu o apetite. Não há subordinação nem temor que prevaleça nos estômagos vazios. Sobrou alguma coisa ou os russos também levaram tudo desta casa?

Com todos sentados numa longa madeira, foram sendo servidos, por soldados, os pratos e as bebidas. Aos poucos, a mesa tomou um colorido apetitoso de frutas e alguns pães que, apesar de estarem um pouco duros, foram devorados com prazer por Caio. Após servir uma bandeja de macarrão com pedaços grandes de carneiro, chegou a vez da caçarola contendo uma massa amarronzada.

– Que coisa é esta? – resmungou Caio ao tentar tirar um pouco daquela massa grudenta da colher.

– Coma! – ordenou Napoleão, servindo-se de uma grande porção. – Espero que goste. Este é um dos meus pratos favoritos.

– Mas o que é isto afinal? – disse Natasha, tentando retirar, com a ajuda de um garfo, a tal massa.

– Isto, minha cara, é uma mistura de feijão branco, batata e legumes. Eu a batizei de "sopa do soldado", robusta e forte como todo soldado deve ser.

– Isto parece mais um mastro à espera da bandeira – ria a nobre, vendo que o garfo quase podia ficar em pé solto no meio daquela sopa.

– Vamos, Caio, sirva-se desse pedaço de carne!

– Já que insiste... – Caio acatou as ordens do imperador.

Napoleão ficou impressionado ao ver a voracidade com que Caio mastigava a carne. Natasha, constrangida, escondia os risos, sob o guardanapo, daquele esfomeado que, naquele momento, lambia os dedos um por um.

– Você é dos meus, Caio – o soberano esbo~cava uma expressão que lembrava uma pessoa dominadora. – Fico satisfeito em ver alguém que sabe apreciar uma boa comida com tanto apetite – Napoleão deixou os talheres afastados, arregaçou as mangas e avançou no melhor pedaço da coxa do carneiro. A cada mordida, esfregava o pão no molho que esparramava no prato. – Como esses momentos são gloriosos! É só nesses instantes que consigo voltar aos velhos tempos na minha casa, com toda a minha família reunida na minha Córsega.

– Sire! – chamou a atenção de Napoleão um velho que trazia enrolada, em um guardanapo, uma garrafa.

– Ah, Vapel, como sempre muito eficiente. Sirva-me o meu Chambertin – o criado serviu o vinho exclusivo do imperador e, em seguida, misturou-o com um pouco de água. Napoleão ergueu a taça com vontade. – Um brinde! – disse o imperador, fazendo com que todos ficassem atentos a sua figura. – Um brinde à minha grande vitória na batalha de Moscowa. – Napoleão tomou um gole que foi apreciado de olhos fechados.

– Moscowa, não! – protestou a princesa com olhos cerrados. – Batalha de Borodino, uma vitória moral dos russos. Vocês franceses deveriam estar sentindo o gosto da derrota contra um exército duas vezes mais fraco!

– Duas vezes mais fraco? – riu Napoleão. – Os russos tinham 103.800 tropas e 637 peças de artilharia. Creio que eles também tinham no mínimo 7.000 cossacos, talvez muito mais, bem como 10.000 homens de milícia que não participaram da batalha. Nossas forças tinham 105.500 tropas e 587 peças de artilharia. Também tínhamos 18.500 tropas da Guarda Imperial, mas que não foram utilizadas na batalha. Então, você pode ver que os oponentes estavam muito bem equilibrados na batalha.

– O senhor realmente venceu lá? – empolgou-se Caio – Quantas pessoas morreram?

– Sim, naturalmente eu venci a batalha. Foi a maior e mais sangrenta batalha de um único dia que eu já vi em minha vida. Havia pelo menos 245.000 soldados no local; 80.000 baixas, 35.000 do nosso lado e no mínimo 45.000 do lado russo. Nós vencemos no campo de batalha, conseguimos capturar as principais posições, mas eu temo que falhamos em destruir o exército russo, porque eles se retiraram no dia seguinte e preservaram parte do seu potencial militar.

– E o qu mais aconteceu? – Caio estava muito impressionado. Ele queria saber tudo e não podia ver as discretas lágrimas descendo o rosto de Natasha, que recordava os seus irmãos que morreram nessa batalha.

– Nós tínhamos avançado de Vitebsk esperando pegar os russos em campo aberto, onde poderíamos aniquilá-los – disse o imperador com orgulho. – Eu creio que meus inimigos escolheram a posição de Borodino porque era a mais facilmente defensável antes de Moscou ser alcançada. Sua posição consistia de uma série de fortificações formando um arco do rio Moskva e seu afluente, o Kalotsha, em direção a Utitza.

– Sire! – interrompeu Ney com cuidado. – O primeiro exército russo, sob o comando de Barclay, estava muito bem-posicionado no lado direito deles, entretanto o segundo exército, de Bragation, estava no lado esquerdo com seu flanco solto no ar. O marechal Davout sugeriu que manobrássemos para flanquear a posição mais fraca do inimigo pela esquerda, em vez de um ataque frontal contra os redutos russos, mas Vossa Majestade deixou a manobra de flanco para um corpo fraco, sob Poniatowski. Por que não aceitou a sugestão de Davout?

– Eu temi que o comandante russo, marechal Kutuzov, pudesse entender nossa manobra e ordenasse a retirada e todo o exército russo me escaparia mais uma vez. Eu percebi que deveríamos derrotá-los definitivamente em Borodino, e não poderia permitir que escapassem de novo – acrescentou Napoleão, secamente, e continuou. – A batalha começou às seis e meia com o fogo de nossos 102 canhões da grande bateria, e o marechal Davout enviou a divisão Compan contra o reduto de Bragation, mais ao sul, sendo recebida por forte bombardeio dos canhões russos. O cavalo de Davout foi atingido e sua queda foi tão violenta que o general Sorbier o relatou como morto. Às sete e meia, Davout conquistou os redutos, mas Bragation rapidamente liderou um contra-ataque que nos expulsou dos redutos. Então, o marechal Ney liderou uma carga que tomou os redutos de novo. Eu soube que, naquele momento, Barclay, o comandante do segundo exército russo, enviou reforços a Bragation. Mas Murat avançou, com sua cavalaria, para perseguir a infantaria de Bragation nos arredores dos redutos. Após muita luta, finalmente, tivemos os redutos de Bragation nas mãos já pela quarta e última vez às onze e meia. Esse foi o momento que tivemos para esmagar as forças russas que se tinham retirado para os bosques perto dos redutos... Mas não pudemos ver isso claramente por causa de tanta poeira, fumaça, confusão e exaustão de nossos soldados que combatiam ferozmente há várias horas.

– Mas por que Vossa Majestade não mandou a Guarda Imperial para nos ajudar a esmagar os russos? – indagou o marechal insistentemente.

– Eu explicarei isso de uma forma definitiva para evitar qualquer dúvida sobre a minha liderança naquele dia! – disse Napoleão socando a mesa. Seu rosto estava vermelho e furioso. – Eu sei que as pessoas pensam que eu estava doente com um resfriado e um pouco longe do campo de batalha, tal que não poderia observar o que estava realmente acontecendo. Não posso negar que o resfriado estava me incomodando, mas a verdade era, simplesmente, que eu tinha de recusar a ideia de utilizar minhas últimas reservas, porque estávamos muito longe de casa. A coisa mais importante em um campo de batalha é a informação, e eu não sabia que os russos não tinham mais reservas prontas para o contra-ataque escondidas nos bosques. Talvez, fosse uma armadilha esperando por nós e eu não poderia de jeito nenhum ser derrotado perdendo a minha Guarda Imperial, minha garantia de retorno, a milhares de quilômetros de nosso país. Além disso, nossos soldados estavam muito orgulhosos de lutar, sem serem ajudados pela Guarda Imperial, que é concebida para ser utilizada somente no último minuto, no caso de evitar a derrota. Assim, o marechal Murat requisitou reforços, mas, no meu julgamento, com a pouca informação que tinha em minhas mãos naquele momento, tive de recusar mandar minhas últimas tropas.

– Nós tivemos mais algumas horas de luta contra o último reduto russo e também pelo controle da cidade de Borodino – acrescentou Ney.

– É verdade. Tivemos mais luta até cerca das dezesseis horas, quando a batalha praticamente terminou, com ambos os lados tão exaustos que somente a artilharia ainda trabalhava. Aliás, nossa artilharia fez muito para vencer a batalha, mandando mais de 60.000 cargas naquele dia.

– As baixas foram impressionantes, 80.000 homens, sire! – explicou Ney. – Isso significa cerca de 8.500 baixas a cada hora de batalha. Foram relatados 35.000 franceses e 45.000 russos como mortos ou seriamente feridos.

Subitamente, Napoleão ficou um pouco triste.

– De todas as minhas batalhas, a mais terrível foi essa que lutei em Borodino. Os exércitos combateram com uma ferocidade espantosa. Um massacre com 80 mil baixas em apenas um dia. Ambos, os franceses e os russos, são todos heróis.

– Eu discordo totalmente! – a voz de Natasha soou com muita determinação. – Os russos são os únicos heróis que podem pará-lo!

– Mulheres! – sorriu Napoleão. – Mulheres têm duas armas: cosméticos e lágrimas.

O marechal Ney tentou manter um sorriso, mas não conseguiu.

– Como ia dizendo – prosseguiu Napoleão, pedindo ao criado para completar a taça e fazendo questão de erguê-la novamente. – Também, quero saudar à minha nova conquista, Moscou.

– A Moscou! – brindou Ney. – Que ela lhe traga mais riquezas do que suas outras cidades, sire.

– Ora, Ney, riquezas eu já tenho, agora, quero é uma conquista tão quente como minhas amantes.

Natasha, aborrecida com as risadas dos dois oficiais, decidiu que era hora de ter o prazer de afrontar aqueles franceses invasores. Aproveitou que o criado servira a todos um copo de Kvass, uma cerveja russa elaborada com pão de centeio fermentado, e fez outro brinde.

– Longa vida ao tzar Alexandre! – ela ergueu sob o olhar de Napoleão que, sem hesitar, levantou a sua taça, seguido pelo marechal.

– Sem vinho, sem soldados! – completou o líder apreciando a taça como a um prêmio. – Nas vitórias é merecido, nas derrotas é necessário. Viva a França! Viva o vosso imperador Napoleão!

– Viva! – apoiou o marechal que, depois de engasgar com o kvass, virou-se para o criado. – Não tem outra bebida, não, sem ser essa droga de limonada de porco?

3 - Conversa com Napoleão

Existem somente duas forças no mundo, a espada e o espírito. No final das contas a espada vai ser sempre conquistada pelo espírito.

Napoleão Bonaparte

Napoleão, saciando a fome e animado pela leve embriaguez, começou a delirar.

– Sim, caro Caio, você ganhou a noite ao salvar minha pessoa desse doido perigoso. Para mim, já me bastam as cicatrizes das batalhas. Você já esteve em alguma batalha, meu jovem? Não vai me dizer que o máximo que esteve próximo de um exército foi ao assistir as paradas na cidade?

– Pra falar a verdade – respondeu Caio, perturbado com os risos de Napoleão, seguidos pelo marechal. –, eu já estive, sim, numa batalha e das grandes.

– Muito bom saber. Agora, diga-me a verdade: você teve medo durante a batalha?

– É – confessou Caio, sem graça. – Eu tive sim.

– Que bom saber. Prova que você é um bravo homem, Caio Zip – o rapaz estava deslumbrado com as palavras do líder adocicadas pelo Chambertin.

– Quanto a mim, só temo a burrice e as lisonjas. – Napoleão levantou a taça, então, fixando-se em Ney, atento à figura distante de Natasha. – E me diga, Caio, onde foi a tal grande batalha?

– No Egito – murmurou Caio já arrependido com a conversa.

– Egito! – admirou-se o líder, engolindo rápido a bebida, quase se engasgando. – Um dos lugares que mais me despertou a curiosidade e, ainda por cima, travei a grande batalha das pirâmides, que culminou na minha entrada triunfante no Cairo. Sem dúvida, uma das minhas maiores conquistas.

– Chama aquilo de conquista? – afrontou Natasha.

– E por que não?

– E o que diz então sobre os ingleses terem massacrado seus navios na batalha do Nilo?

– Aquele almirante – reagiu o marechal. – Aquele maldito traiçoeiro surpreendeu a nossa frota, enquanto estava fundeada.

– Não, Ney – rebateu o imperador. –, Horatio Nelson agiu com muita artimanha, assim, observou o terreno e procurou as falhas do adversário. Aproximar-se aproveitando a cobertura da pequena ilha de Aboukir, cruzar nossas defesas e, depois, atacar pelos dois bordos é exatamente como um grande estrategista, como eu mesmo, teria arquitetado. Infelizmente, essa pequena perda me obrigou a ficar mais tempo do que eu planejava no Egito, mas eu soube como aproveitá-la.

– E para quê? – voltou à carga a jovem russa. – Isso não impediu que mais adiante Vossa Majestade abandonasse seus homens sob ataque e voltasse secretamente a Paris.

– Os meus soldados sabem o quanto me custa abandoná-los. Sabem o quanto sou ligado a eles. Mas também sabem que é apenas momentâneo. Os austríacos haviam recuperado o norte da Itália, que eu conquistara. Assim, eu precisava fazer algo. E, acima de tudo, a pátria exigia a minha presença! Como eu poderia deixar o povo à mercê daquele Diretório incompetente? – defendeu-se Napoleão, sorrindo para Caio. – O meu povo, ao qual tanto estimo e pelo qual tanto batalho, apoiou e compreendeu o meu dever naquele momento e escolheu-me para chefiá-lo.

– Depois do golpe de Vossa Majestade, quer dizer.

– Golpe! – virou-se Napoleão, ferozmente, para a brava princesa. – Senhora, eu fui escolhido para ser o primeiro-cônsul!

– Sim, claro, após depor o Diretório com um exército, quem poderia impedi-lo?

– Aquele Diretório só sabia atrasar a vida do povo francês – o líder observava Caio, que estava completamente absorto na discussão. – Fui eu quem promulguei uma nova Constituição para meu amado povo. Formulei o Código Napoleônico que garante o direito à propriedade, à educação para todos e muito mais. De agora em diante, todos os franceses têm direito à liberdade individual e igualdade perante a lei.

– Liberdade, onde greves são consideradas ilegais? – contra-atacou Natasha, carregada com um sorriso frio no rosto rosado.

– Eu fiz tudo pela minha França, e ninguém poderá negar. Foi o povo que me elegeu para ser seu imperador. Imperador que conquistou Viena, Berlim, Madri, Nápoles, Roma, Varsóvia e agora Moscou.

– Hum! Um imperador tão afoito que nem deixou o papa coroá-lo.

– Eu não espero acontecer, senhora, eu faço as circunstâncias.

– Nisso acredito sem dúvida alguma, Vossa Majestade.

– Cuidado, princesa! – alertou Ney, levantando-se. – Vossa alteza está se excedendo!

– Deixe-a! – sorria Napoleão – As pessoas a quem devo temer não são as que discordam, mas aquelas que discordam e são covardes demais para dá-lo a perceber.

O marechal engoliu em seco e voltou a sentar-se.

– Estimada princesa, vejo que as notícias a respeito dos meus contratempos não lhe passam despercebidas, mas, sim, distorcidas – concluía Napoleão que segurava firme a taça apoiada na mesa. – Eu sei que muitos disseram que o Egito foi uma perda de tempo, sem êxito político, um fracasso financeiro, mas ninguém pode negar que fui eu, com um exército inigualável, quem conquistou os segredos enterrados no escaldante deserto.

– Como ainda pode dizer isso? – a jovem franzia os olhos com raiva. – Conquistou o quê? Areia?

– Mas para que os franceses foram ao Egito, então? – questionou Caio.

– Fui ao Egito para cortar o caminho que os ingleses utilizam para fazer comércio com a Índia, no entanto meu feito foi ainda maior. Minha maior conquista não foi realizada ao lado de canhões, mas, sim, com o meu exército inigualável de sábios, astrônomos, matemáticos, químicos, mineralogistas e até pintores. Foram esses os soldados vitoriosos que ressuscitaram as maravilhas do antigo Egito.

– Feito esse comparável ao do conquistador Alexandre.

– Sim, meu caro Ney, eu segui os passos de Alexandre, o Grande, que também levava em seu exército uma tropa de especialistas. Como ele, eu queria somar, à conquista militar, a luz do passado daquela civilização esquecida nas areias. Como ele, dou valor não só a conquista de novas terras, mas também a conquista de novos conhecimentos.

– E como Alexandre, Napoleão possui também um exército de engenheiros.

– E precisa de engenheiros pra quê? – estranhou Caio.

– Ora, garoto – respondeu o marechal, nervoso. –, e como você acha que fazemos na guerra para construir as pontes, para calcular o alcance das balas de canhão e até para calcular o número de soldados nos combates? Mesmo Napoleão sendo o maior na artilharia, ele não pode estar em todos os lugares ao mesmo tempo. Se bem que ele tenta.

– Tudo que sei sobre artilharia é graças à matemática. Sem ela, nada seria possível. – filosofou o imperador. –Toda a minha estratégia está baseada em calcular antecipadamente como seriam minhas guerras e batalhas... Só assim entro em combate. Só depois de fazer um planejamento bastante preciso do que deve ser feito.

– Mas para se ter tão bom planejamento – esclareceu Natasha. –, Vossa Majestade deve também se basear em dados, procurando sempre descobrir com antecedência o que o inimigo está fazendo e, se possível, os planos adversários, não é verdade?

– Sim, minha cara – interrompeu o marechal – As informações são valiosas e não é à toa que sua majestade possui uma grande leva de patrulhas, assim como "bons informantes".

– Espiões? – empolgou-se Caio. – Que máximo!

– Sim, rapaz, espiões fazem a grande diferença em meus cálculos. Um bom espião vale mais do que 10 mil soldados – completou Napoleão, saboreando mais um gole do estimado vinho. – Ahhh! Como gosto de elaborar os confrontos, como aprecio os meus homens atacando sem descanso, avançando sempre... Os russos estão me desapontando agindo dessa maneira. Sempre tomo posição de ataque, nunca de defesa, mas os nossos inimigos somente fazem pequenos ataques e batem em retirada. – Napoleão, que contemplava o teto decorado, em seguida, dirigiu-se a uma mesa onde ficou a admirar o mapa da Rússia, deixando-se levar por seu desalento. – Como posso ter conquistado o coração da Rússia, sua bela Moscou, se sua alma, seu povo, meus súditos, foram-se? Já enviei emissários com cartas para o general Kutuzov, para o tzar Alexandre, com os meus respeitos, nas quais relatei minhas condições de paz, dignas da grande mãe Russa. Não pretendo humilhar os meus conquistados, apenas quero sua submissão. Sou um instrumento da providência. Ela irá me usar enquanto eu cumprir seus desígnios e depois me quebrará! – Napoleão bebeu o último gole e atirou a taça no chão.

– Tem razão, Vossa Majestade – Natasha parecia calma, apoiando a mão no queixo. – Nós, russos, ainda não percebemos como os franceses estão sendo caridosos ao pilhar nossa bela cidade.

– Minha cara mulher – Napoleão voltou à mesa mirando-a como um felino dando um bote na sua vítima. –, eu tomo o que me pertence. Os mais fortes não negociam, mas, sim, ditam as condições e são obedecidos.

4 - O Mensageiro

Eu amo a força. Mas é como um artista que eu a amo. Eu a amo como um músico ama seu violino, extraindo das cordas seus sons e harmonias.

Napoleão Bonaparte

Um jovem, aparentando não mais do que quinze anos, o ajudante de ordens de Napoleão, apareceu na sala e dirigiu-se ao seu superior, batendo continência.

– Espero que seja urgente para estar importunando o meu jantar, Rapid – disse Napoleão, severamente, pegando outra taça de vinho na mesa.

– Sire, os incêndios pela cidade estão se alastrando e não estamos conseguindo deter os culpados, pois nossas cadeias já estão ficando lotadas, tanto de moradores russos como de soldados aliados que são suspeitos do crime. Estamos com muitas pessoas queimadas, especialmente crianças, sem atendimento médico.

– É lamentável que meus próprios soldados sejam suspeitos dessa desgraça. Diga que minhas ordens são de que acomodem as vítimas nas casas em bom estado e que, amanhã, bem cedo, irei visitá-las pessoalmente. Diga também que ordenei que sejam fabricados mais rublos de papel para que sejam usados como dinheiro. Assim, os comerciantes poderão vender, e os soldados, ao invés de saquear, poderão comprar.

– Os homens e os comerciantes sabem que esse dinheiro não vale nada. – Ney se arrependeu do comentário, após ver o rosto vermelho do soberano, que voltou às suas reflexões.

– Eu deveria ter imaginado que esses soldados polacos, saxões, austríacos, bávaros, prussianos, húngaros, dinamarqueses, alemães de todos os principados, portugueses, espanhóis, suíços, italianos... Ufa! Será que esqueci algum povo que eu conquistei? Seja como for, eu deveria ter imaginado, quando se alistaram no meu exército, que me dariam esse tipo de problema... Mas, pobres rapazes! Eles estão apenas esgotados e esfomeados. Sou temido, mas também sou admirado. Eles são capazes de dar a vida pelo vosso imperador... – Napoleão, tossindo muito e com uma forte coriza, levou uma pastilha à boca. – Este resfriado está, há semanas, tentando me matar. Mal consigo sentir o aroma do meu precioso vinho. Que medicina é essa que não consegue derrotar um simples resfriado? – Napoleão olhou o relógio da sala e virou-se para o ajudante de ordens. – Tem alguma notícia do marechal Murat?

– Sire, depois de dias procurando o exército russo, soubemos que ele o encontrou e travou uma batalha em Tarutino. Parece que ele não foi muito bem. Desta vez, os russos levaram a melhor e...

– Esta notícia já é velha! – Napoleão, contrariado, olhou enfezado para Rapid – Não preciso que me lembre dos absurdos desta guerra. Ainda vou ter uma conversa com esse meu cunhado. Onde já se viu perder o rastro de um exército imenso para, depois, dar de frente com ele e ser derrotado. Não se ganha uma guerra sem cometer erros. Mas, para não sermos derrotados, temos, obrigatoriamente, de errar menos que o inimigo. Sem o uso de estratégias, sem cálculos, não avançaremos nesta guerra, não conquistarei nada! Será que ele ainda não entendeu que o avanço e o aperfeiçoamento da matemática estão ligados à prosperidade do estado?

– Nem todos são excelentes estrategistas como Vossa Majestade – ponderou o marechal.

– Eu não sou tão bom estrategista como dizem, meu caro – rebateu o imperador. –, apenas sou um grande estudioso de batalhas ocorridas em tempos idos. Eu conheço todo o desenvolvimento e decisões tomadas pelos notáveis homens que faziam da guerra uma arte, como Alexandre, o Grande; Aníbal, de Cartago; Júlio César; e Átila, Rei dos Hunos. Homens que contavam, essencialmente, com o raciocínio lógico como aliado.

– Mas esses generais não estão ultrapassados?

– Claro que não! Táticas, evoluções, a ciência da engenharia e da artilharia... Tudo isso pode ser lido em tratados, mas o verdadeiro conhecimento das altas esferas da guerra só é adquirido através do estudo das guerras e batalhas de grandes generais do passado e pela experiência. Não existem regras fixas. Tudo depende de analisar corretamente a natureza do general inimigo, as suas qualidades, seus defeitos, a natureza das suas tropas, a gama das armas, o local da batalha, assim como o fator tempo para o deslocamento do exército. São mil circunstâncias que nunca são as mesmas e que devem ser muito bem-estudadas – o imperador virou-se para Rapid e gesticulou sua mão como se estivesse manejando uma espada tão ameaçadora que deixou o mensageiro num silêncio temeroso. – Vamos, meu filho, se tem mais alguma coisa a dizer, diga logo.

– Sire, como relatei a Vossa Majestade, estamos com problemas com relação às prisões. O Marechal Davout quer sua permissão para a execução dos rebeldes. Sire, quais são suas ordens?

5 - Relatos de Guerra

Quatro jornais hostis devem ser mais temidos do que mil baionetas (...) As pessoas a temer não são aquelas que discordam de você, mas aquelas que discordam de você e são muito covardes para deixar que você saiba.

Napoleão Bonaparte

Napoleão pediu a Rapid para trazer um papel timbrado e, depois, pôs-se a escrever quase rasgando a folha. Após dobrá-la, pegou a vela do castiçal e fez um pouco da cera cair no papel, que foi carimbado com o símbolo de uma coroa que ornava o seu anel de imperador.

– Tome, soldado, pegue esse informe! Não quero uma revolta em minhas mãos e, sim, governar os meus novos cidadãos. Em hipótese alguma, os prisioneiros deverão ser executados e, caso minhas ordens não sejam cumpridas, os insubordinados serão sumariamente fuzilados e seus despojos de guerra serão confiscados – o imperador tomou mais um gole de vinho e, depois, mais descontraído, mirou no mensageiro. – Isso é tudo, rapaz?

– Não, sire! – Rapid voltou a ficar em posição de sentido. – Sua guarda pessoal foi reconhecida como sendo o grupo responsável pelos saques nas adegas da cidade e nos depósitos perto da Praça Vermelha, perto das muralhas orientais do Kremlin, reservados ao nosso exército.

Napoleão, com voz inflamada, revoltou-se.

– Estou muitíssimo descontente com o fato! Amanhã, tratarei das punições – não dando mais atenção, o imperador suspirou desconsolado e prosseguiu com a voz arrasrtada. – Isso é tudo, soldado?

Rapid, envergonhado, voltou a relatar.

– Bem, sire, a sua guarda pessoal também tem sido a responsável por um ato nada digno à elite, a qual deveria ser o exemplo, o símbolo de Vossa Majestade.

– Que ódio, rapaz! – zangou-se o marechal Ney. – Pare com essa mania de enciclopédia e diga logo o que eles fizeram.

– O pessoal está fazendo suas necessidades em todos os pátios das casas, inclusive sob as janelas do imperador.

– O quê? – Napoleão se levantou e bateu na mesa com os punhos cerrados.

Sem Napoleão notar, Caio e Natasha riam baixinho, enquanto ele andava com passos fortes pela sala, enxugando o suor da testa.

– Essa não! – Ney ficou preocupado com a reação tempestuosa do imperador. – Agora, ele vai estourar de verdade.

– Marechal, quero que reprima essas notícias sobre o meu pessoal imediatamente.

– Mas como, Napoleão? – Perguntou Ney, nervoso.

– Ora, como, pelos jornais é claro! Vou usar a mesma estratégia que usei nos jornais franceses, quando os impedi de noticiarem ao povo que a França sofrera a derrota contra os ingleses, na batalha naval no Cabo Trafalgar.

– Trafalgar! – exclamou Caio. – Eu já ouvi alguma coisa sobre essa batalha. Não foi também com o tal almirante Nelson?

– Ah, Nelson, novamente você me deteve – resmungou Napoleão

quase derrubando a taça. – Mas pelo menos, dessa vez, dessa vez, essa pedra inglesa saiu do meu caminho para sempre.

– O que quer dizer? – assustou-se Caio. – Ele...

– Sim, sim! Nelson morreu. Morreu como devem morrer homens que defendem sua pátria e seus ideais: durante um grande combate. – Napoleão virou-se para o marechal e falou em segredo. – Ainda não conseguiram descobrir o heroico mosqueteiro que atirou em Nelson?

– Não, Napoleão – sussurrava o marechal – O que pudemos averiguar, até hoje, foi que a bala foi disparada do navio Redoutable.

– Estou cercado por incompetentes! Sete anos já se passaram e nada foi apurado? Que seja – da luz refletida nas pequenas pedras de cristal do grande lustre evocavam as lembranças de Napoleão. – Pobre Villeneuve! Meses preso na Inglaterra para depois se suicidar ao retornar a Paris... Eu admito que deixei de lado Villeneuve, que abandonei momentaneamente a ideia de invadir a Inglaterra... Mas o que eu podia fazer? Estava tão concentrado em atacar a Áustria, onde fui recompensado com minha vitoriosa batalha nas planícies de Austerlitz.

– Batalha em Trafalgar, batalha em Austerlitz... – balançava Caio a cabeça. – Não parou nem um pouco pra tomar fôlego?

– Mas, Caio, é exatamente esse o meu grande triunfo. Meu estilo de guerra é a grande inovação. Sempre faço o impossível para que meus soldados andem muito mais rápidos do que o inimigo. Velocidade. Essa é minha grande característica e foi graças a isso que tive o grande êxito em Austerlitz.

– Essa foi a maior de todas?

– Eu diria que foi uma grande vitória graças ao que aconteceu antes.

– Como assim?

– Está a recordar de Ulm.

– Sim, Ney, a batalha em Ulm, embora não seja a mais famosa, foi sem dúvida a base de um grande feito.

– Suas táticas foram tão boas assim? – perguntou Natasha. – Ou será que foi por algum truque?

– Não diria truque, mas a palavra artimanha soa mais adequada. Realmente, essa batalha não foi ganha por espertas táticas de combate ou pela bravura dos soldados, mas pela genialidade da estratégia e da trama psicológica.

– Majestade acabou com um exército inteiro, de cerca de 80 mil austríacos, com pouca luta, porém usando a sua maior arma, o cérebro, montando uma armadilha genial! – orgulhava-se Ney, gesticulando muito com o efeito da bebida.

– Como foi isso? – interessou-se Caio. – Como é possível, 80 mil numa tacada só?

Napoleão respirou fundo, acomodou-se confortavelmente na cadeira e começou o relato.

– Eu estava com um exército de uns 180 mil soldados no noroeste da França, em Boulogne, muito bem-treinado e pronto para invadir a Inglaterra. Esperávamos a esquadra francesa ficar pronta e chegar para o transporte das tropas. De repente, fui informado que tropas russas avançavam pela Polônia para se unir aos austríacos e que logo os prussianos e os napolitanos, com o apoio financeiro da Inglaterra, também se uniriam numa enorme coligação contra a França, que envolveria 400 mil soldados. Foi por esta razão que tive de adiar a invasão da Inglaterra e por o meu exército em marcha para enfrentar os russos e os austríacos o mais rápido possível, antes que os prussianos se juntassem a eles. O comandante austríaco, general Mack von Leiberich, esperava que eu fizesse o caminho direto, atravessando a Floresta Negra para lhe dar combate no alto Danúbio, nos arredores de Ulm.

Os olhos de Ney pareciam um pouco sem expressão e sua fala já estava um pouco alterada.

– Uma coisa que Leiberichhh deveria saber era que Napoleão não é um homem previsível.

– Ele não me conhece tão bem quanto você – Napoleão exibia um ar de superioridade. – Ele jamais imaginaria que algum exército conseguiria cobrir uma distância tão grande em tão pouco tempo e acreditava que os russos chegariam antes de nós, pois estavam mais perto deles. Mas eu o enganei. Como Aníbal e Alexandre, tornei o meu exército insuperável. Fomos pelo norte e, então, viramos rapidamente para o sul de forma a chegar por trás dos austríacos e cortar a sua retirada, sua ligação com Viena. Foi um movimento tão impressionante que parecia que eu estava a levar meu exército nas próprias asas da glória. Em menos de vinte dias, levei um enorme exército a uma distância de 900 km, fazendo a média de quase 50 km ao dia, cada soldado marchando com seu mosquete e sua mochila.

– E, depois disso, eles ainda conseguiram ter forças para lutar? – perguntou Caio boquiaberto.

– Para lutar e muito mais ainda! – Napoleão se divertia com a afobação do rapaz. – A frente de batalha era muito grande, a minha rede ainda não estava completamente fechada e o comandante austríaco ainda poderia se retirar. Então, eu me vali de um espião que tinha infiltrado no serviço secreto austríaco.

– O alemão Schuuulmeisterrr – ria Ney.

– Sim. Meu espião, o Sr Schulmeister, fez o comandante von Leiberich acreditar que estava ocorrendo um levante em Paris e que eu teria de retornar com as tropas imediatamente, aliás, um simulado movimento de retirada já era perceptível. Para dar mais credibilidade ao suposto fato, em nosso acampamento, mandei imprimir exemplares falsos de jornais de Paris com a notícia da revolução e fiz chegar às mãos de von Leiberich. Com isso, o austríaco ficou seguro de que eu iria me retirar e permaneceu em Ulm. Coitado! De repente, foi completamente cercado por um exército muito superior.

– Mais uma vez, usou a imprensa a seu favor – balançava Natasha a cabeça negativamente. – Será que alguma vez os jornais franceses conseguirão dar alguma notícia verdadeira, sem a censura de Vossa Majestade?

– Jornais, hum! – suspirou o imperador. – Se não estão a meu serviço, terei de aniquilá-los. Quatro jornais hostis devem ser mais temidos do que mil baionetas.

– Agora entendo quando Vossa Majestade diz que a informação é a peça mais valiosa da guerra – Caio estava mais encantado. – E, depois dessa artimanha, o que aconteceu?

– Von Leiberich sabia que não tinha chances, e eu o convenci a render-se para evitar um banho de sangue. Eu também queria poupar a bela cidade que os meus generais, insensíveis, queriam que eu bombardeasse. Não aceitei isso, pois acho uma covardia o bombardeio de uma cidade, isso é uma desonra para um comandante que dá tal ordem. Houve alguns combates, perdemos uns 6 mil homens; e o outro lado, em total confusão, sofreu umas 22 mil baixas, e, incrível, quase 50 mil prisioneiros, a metade deles capturada em fuga.

– Que coisa incrível! E tudo isso por causa de um jornal – Caio entristeceu. – Coitado do comandante austríaco. O que aconteceu com ele?

– Ele me entregou sua espada, mas eu a devolvi e o libertei. Soube que seu imperador o submeteu à corte marcial, perdeu tudo e foi preso, pobre homem. Aniquilamos com a metade das forças armadas da Áustria com pouca luta, o que seria muito importante para a batalha que aconteceria pouco mais de um mês à frente, a minha mais famosa batalha, um misto de tática, intuição e liderança, onde no campo de batalha 70 mil franceses impuseram uma derrota fragorosa a um exército austro-russo de 85 mil, aquela que será cantada, estudada e admirada pelos séculos à frente: Austerlitz!

– Não poderia comemorar melhor o primeiro aniversário de sua coroação, sire, derrotando os austríacos e os russos de uma só vez. Uma batalha executada com perfeição – completou Ney.

– Eu só fiz os russos caírem na minha armadilha. Acreditar em seguir as regras dos livros militares à risca não é do meu feitio. Amo a imaginação.

– Outra armadilha? E como fez essa armadilha? – questionou Caio, sem perder uma só palavra.

Napoleão concentrava-se nas imagens de suas lembranças que pairavam sobre seus olhos brilhantes.

– O campo de batalha era uma planície onde se erguia, no centro, o platô de Pratzen, que, sem dúvida, seria o ponto estratégico para se ter a melhor visão de toda a campanha. Eu o conquistei, mas decidi abandonar a posição para os russos. Assim, finquei minha isca que logo foi mordida. Os russos a tomaram. Estava tudo coberto por uma densa neblina. Tínhamos de ficar à espera de um tempo melhor. Finalmente, surgiu o sol mais brilhante do que nunca. Pobres soldados de Kutuzov, mal sabiam o que os esperava... Eles ficaram a aclamar o sol acreditando que fosse um bom presságio. Eram oito da manhã. As tropas do meu general Soult estavam aglomeradas em duas linhas de batalhões em colunas de ataque. Perguntei a ele quanto tempo seria preciso para alcançar Pratzen. Ele me garantiu que menos de vinte minutos. Esperei o momento certo. Ordenei que tomassem o monte. Avancei, surpreendi, lutei!

– Depois, nossos homens recuaram fazendo acreditar que estivessem com medo...

– Simular, Ney, simular! – corrigiu, o conquistador, o seu comandado. – Isso fazia parte do meu ousado plano. Sabe que assim fiz o exército austro-russo se dividir em dois. Eles atacaram meu flanco direito, pois achavam que esse era o meu ponto fraco. Concentraram a força do flanco esquerdo com os russos descendo a colina. Elaborei uma bem coordenada série de ataques. Nossos progressos para os lados de Pratzen tinham forçado Kutuzov a pedir ajuda. Esse príncipe, ameaçado tanto à direita como à esquerda, não sabia a quem ouvir para dirigir os primeiros socorros. Apressou-se, então, a enviar quatro regimentos de cavalaria, que chegaram apenas para testemunhar a derrota. A linha russa, depois da mais honrosa defesa, foi obrigada a ceder aos nossos esforços reunidos. Esses bravos homens, para salvar suas peças, tentaram atravessar a extremidade do lago gelado. Porém o gelo, alvejado por nossos projéteis, provocou o golpe final. Os homens e canhões foram engolidos. Mais de 2 mil morreram afogados. Aniquilei o exército aliado, do qual 25 mil foram feitos prisioneiros, ficaram feridos ou morreram. Conquistei 150 peças de canhão. E impus o respeito à Prússia, pois mal tinha terminado a batalha, chegou o emissário do seu rei com uma declaração de guerra. O homem, desconcertado, vendo a extensão da minha vitória, guardou a declaração no bolso e congratulou-me – Napoleão deixou as imagens se dissiparem e voltou a reparar em seus ouvintes. – Sim, foi perfeito. Consegui visualizar toda a batalha antes de iniciá-la. Previ os planos e estratégias dos oponentes em detalhes e os deixei livres em seus movimentos, como sempre faço, pois nunca interrompo meu inimigo quando ele comete um erro.

– Um grande erro – ria o oficial sob a vista severa de Natasha e a fisionomia entristecida de Caio com o último relato.

– Um erro assim como foi Trafalgar... Que diabos! – agitou-se o imperador socando o ar. – Por que, afinal, Villeneuve saiu do porto espanhol de Cádis com minha frota se sabia que Nelson estava vigiando, formando um bloqueio ao largo? Esse erro foi inadmissível! Estou cercado por incompetentes!

– Mas, Napoleão, foi você que o pressionou! – lembrou o marechal. – Os próprios espanhóis haviam aconselhado Villeneuve a invernar até a próxima estação! Todos nós sabíamos que o esforço de bloqueio acabaria por esgotar os ingleses! Era uma questão de...

– Trinta – insistiu Napoleão a manter-se mergulhado em seus pensamentos. – Havia 30 navios franceses e de meus aliados espanhóis. Tudo agora por água abaixo.

– Sem dúvida era para sire ter vencido – apoiou o marechal. – Afinal, os ingleses estavam em menor número.

– Venceu a ousada e criativa estratégia, meu marechal. O almirante Nelson era um verdadeiro gênio que soube aplicar a arte da oportunidade. É lamentável que eu não estivesse na liderança, mas reconheço que minha força está na terra e não no mar – voltou o imperador a olhar a sala com a taça na mão. – Malditos ingleses! Se eu tivesse conseguido invadir a Inglaterra... Certamente, eu não teria sido obrigado a exigir de toda a Europa o bloqueio comercial contra essa raça. E, ainda por cima, o tzar tinha que me provocar fazendo aliança com eles?! A culpa é do tzar Alexandre que começou essa guerra que aqui estou a vencer. Se ele tivesse mantido a paz comigo, eu daria a ele uma Rússia maior desde o golfo de Botnia até a embocadura do Danúbio. Sim, eu sei que o general Kutuzov fez a paz com os turcos. Mas de que adianta se o homem não conseguiu pegar a Moldávia e a Valáquia? Eu daria essas províncias a Alexandre como lhe dei a Finlândia – marchava o conquistador em volta da mesa, desabafando sua consciência embriagada. – Foi a Inglaterra que me empurrou, que me obrigou a fazer tudo que fiz. Se ela não tivesse rompido o Tratado de Amiens, se a Áustria e a Rússia não tivessem rompido a paz depois das batalhas de Austerlitz e de Tilsit, eu teria ficado em casa tranquilamente. Se todos tivessem me aceitado para liderar a Europa, eu só me teria ocupado da prosperidade. Não sou mais inimigo do que qualquer outra pessoa dos prazeres da vida. Não sou um Dom Quixote com necessidade de sair em busca de aventuras. Graças àqueles malditos ingleses, eu estou aqui. E agora... Estou aqui tentando atacar esse exército russo fujão que o ouro da Inglaterra fez surgir. Estou aqui a governar o que resta da Moscou incendiada e vazia – o imperador, com olhos mais enérgicos, virou-se até se fixar em Rapid, que estava todo aquele tempo sentado num canto da sala. – Vamos, rapaz, levante-se daí. Venha tomar nota do que vou ditar e não perca uma vírgula! Quero isso noticiado à minha maneira.

– Mais uma vez, Imperador! – interrompeu Natasha, cruzando os braços. – Mais uma de suas artimanhas. Quando vai dar liberdade à imprensa?

– Que se dane! Se eu perco o controle da imprensa, não aguentarei nem mais três meses no poder. Neste momento, devo restabelecer a ordem na cidade. E onde está? – olhou Napoleão em volta até encontrar Rapid, trêmulo, mais recuado. – O que está esperando, soldado?

– Sim, sim, sire, às ordens!

– Pegue logo isso aqui! – bateu Napoleão na mão do rapaz com a pena e uma folha de papel.

– Sire, eu sugiro que...

– Proclamação! – bradou o soberano, ignorando totalmente a fala do marechal.

– É sempre assim – desabafou Ney ao lado de Natasha. – Não sei por que Napoleão possui tantos marechais, ele jamais nos dá ouvidos. Sempre com a mania de liderar tudo sozinho. Isso ainda vai nos arruinar.

Napoleão, completamente absorvido pelas suas ideias, começou a ditar.

"Habitantes pacíficos de Moscou, artesãos e operários que os distúrbios afastaram da cidade. Os vossos sofrimentos são cruéis, mas Sua Majestade, o Imperador, deseja pôr-lhes um fim. Vistes, por terríveis exemplos, como ele castiga a desobediência e o crime. Medidas severas estão sendo tomadas para reprimir a desordem e restaurar a segurança pública. Uma administração paternal, escolhida pelo vosso conselho, zelará por vós, pelos vossos interesses e, principalmente, pelas vossas necessidades. Combaterei com ferocidade a pilhagem que não for autorizada por vosso soberano".

– Parece que, afinal, o povo francês fez um mau negócio. Que absurdo! – a jovem estava visivelmente contrariada. – Vossa Alteza deveria ser o herói dos franceses. Deveria ser o grande homem que espalhasse as ideias da Revolução Francesa, a grande obra, por toda a Europa. Deveria reprimir os abusos. Jogar fora a bandeira dos monarcas Bourbons e erguer a bandeira tricolor, para tremular as imortais palavras: *"Liberté, Egalité, Fraternité"*. Ao invés disso, toma o poder espalhando sementes de terror, cultivando saques dos povos e fazendo florir o assassinato de seus opositores. É um ditador!

Caio e os outros na sala ficaram à espera de um ataque de Napoleão que, sem demonstrar nenhuma reação, continuava ditando suas medidas.

"Sua Majestade, o Rei, vos protege e só considera como inimigos aque-

les que não cumprem suas ordens. Desejo por um termo aos vossos sofrimentos, remunerar-vos vossos trabalhos, restituir-vos vossos lares e as vossas necessidades [...]"

Natasha, furiosa, levantou-se e correu para as escadas.

6 - Pelotão de Fuzilamento

Sou algumas vezes uma raposa e algumas vezes um leão. O verdadeiro segredo de governar repousa em saber quando se deve ser um ou outro.

Napoleão Bonaparte

Depois de um longo tempo, o discurso político sem fim provocou uma crise de bocejos em Caio que, sem dificuldade, saiu do recinto sem ser notado pelo inflamado imperador e o sonâmbulo marechal. Após subir as escadas, Caio ficou diante de uma porta fechada, restando à espreita e escutando uma discussão entre duas pessoas.

– Eu disse a você que isso não daria certo. Você teve sorte por não ter sido pego – ralhou a voz feminina. – De que adianta escondê-lo e evitar que o tirem de mim, se você continua aprontando. Você é terrível, menino!

– Você não me entende mesmo – a voz zangada parecia a de um jovem da idade de Caio. – Eu deveria ter me escondido no quarto dos meus avós. Eles, sim, são os únicos que me entendem.

– Deixe seus avós fora disso! Eles já sofreram demais.

– Se não fosse aquela porta abrindo no exato momento do tiro, você, agora, estaria me chamando de herói da pátria.

– Será que você não aprende? Foi sua sorte que o meu "irmão" tenha aparecido. Eu não quero ser mãe de um herói morto. Você vai ficar aqui neste quarto nem que eu tenha de amarrá-lo – a voz parecia mais nítida. – Agora me obedeça! Vou buscar uns remédios...

De súbito, a porta se abriu e o curioso deu de cara com Natasha, assustada. Caio tentou disfarçar, mas, não havendo jeito, encarou-a. A jovem, recuperando-se do susto, puxou o abelhudo para dentro e trancou a porta.

– Ah, essa não! Ele de novo! – reclamou um rapaz moreno de óculos tortos e com a manga da camisa ensanguentada.

Caio o olhou fixamente e falou:

– Você não é o cara que me salvou do cavalo?

– Ah! E você é a cara que bateu na porta e atrapalhou meu tiro – o moreno segurou o braço como se estivesse doendo. – Graças a você, eu não matei aquele louco conquistador.

– Parem de discutir! – Natasha passava a mão no rosto, aflita. – Vocês querem que nos matem? Eu vou buscar algo para esse ferimento. Enquanto isso, fiquem quietos. Ouviram?

Natasha abriu a porta devagar, tendo o cuidado de verificar se havia alguém por perto, e saiu. Os dois ficaram ali, parados, com Caio tendo de suportar o rosto irritado do jovem. Sem aguentar mais a guerrinha de silêncio, Caio tentou iniciar uma conversa.

– Eu me chamo Caio, e você?

O garoto, emburrado, não respondeu.

– Tá! Desculpe-me pelo que houve. – Caio, reparando que o jovem massageava o braço ferido, aproximou-se e disse. – Deixa eu dar uma olhada?

O jovem, ajeitando os óculos, ergueu o braço e o exibiu como se fosse um troféu.

– Demais! – admirou-se Caio. – Eu nunca tinha visto uma ferida tão nojenta.

– Ah, isso não foi nada. A bala só pegou de raspão. Já tive machucados bem piores – o jovem, mais à vontade, levantou a camisa e mostrou marcas vermelhas nas suas costas.

– Uauu! Que foi isso?

– Essas foram as chicotadas com vara que levei por ter fugido das aulas de piano pra ir nadar. Ficou tudo em carne viva, mas já estão cicatrizando – mais animado, o moreno sorriu. – Eu me chamo Ivan Sputnik, Ivan, o terrível, como minha mãe sempre me chama. Você também tem cicatrizes?

– E como! Eu vivo me machucando e entrando em apuros. É um talento que tenho.

– Já percebi!

Os dois pararam de rir ao escutar um barulho na porta.

– Vasculhem os quartos!

– Essa não! – disse Ivan aflito. – Acho que estão me procurando de novo. Tenho de sair daqui.

Ivan tratou de escapar pela janela e andar pelo parapeito até os galhos de uma árvore. Caio, vendo Ivan com o braço machucado preso na folhagem densa, decidiu ajudá-lo. Após soltar o novo amigo, os dois fugiram por uma passagem estreita no muro do pátio e correram pelas ruas até pararem perto de uma praça.

Por todos os lados, línguas de fogo surgiam acima das casas vazias, cuspindo fagulhas de brasas que flutuavam como flocos de neve irradiando um intenso vermelho. Os focos dos incêndios se alastravam, elevando a temperatura da cidade na madrugada fria e mostrando os rostos pálidos dos que tudo perderam. As ruínas nos espaços onde, em dias anteriores, havia belas construções de igrejas, museus e teatros os cercavam de pavor. Uma fumaça alaranjada, ao longe, subia até a abóbada celeste e estrelada e exalava clarões da queima de uma catedral que, como por um milagre, ainda, mantinha de pé suas cúpulas e cruzes douradas. Os toques dos sinos quebravam o som dos gritos das escassas pessoas que mais pareciam espíritos maltrapilhos dos antigos moradores. Algumas vagavam bêbadas, outras se escondiam dos franceses alegres, que gritavam repetidas vezes: "Viva o imperador!", divertiam-se com a destruição e carregavam peças valiosas encontradas nas casas ou nas lojas arrombadas. Os chefes, que deveriam punir os saques dos seus subordinados, estavam ocupados ajeitando suas novas carruagens injetadas com uma boa dose dos tesouros abandonados na amarga retirada dos cidadãos de Moscou.

– Moscou está pegando fogo por causa dos descuidados – disse Ivan, segurando, a todo custo, sua raiva e dor ao ver o que restava da sua cidade. – Os cachimbos esquecidos em cima do feno, os fogões das casas abandonadas esquecidos acesos por seus moradores, as fogueiras espalhadas pelos acampamentos franceses... Esses são os culpados pela destruição da minha terra! – Ivan parecia atormentado com os olhos carregados de ódio. – Algum dia, vamos nos recuperar e voltaremos a ser fortes. E aí vou acabar com Napoleão.

– Aahhhhhh!

Os dois escutaram um grito e descobriram que se tratava de uma menina tombada na rua, chorando. Eles correram para ajudá-la, mas, ao aproximarem-se, escutaram armas sendo engatilhadas e uma voz enérgica soou.

– Alto, vocês dois! – gritou um oficial, cercando os garotos com seus soldados.

Caio e o amigo foram conduzidos para um escritório improvisado dentro de um teatro, onde foram interrogados por um oficial muito calvo, usando uns óculos sem suporte, pendurados no pequeno nariz curvo.

Os dois se mantiveram calados, até que o oficial, com uma expressão cruel, falou num tom ameaçador.

– *Que diable*! Vocês não têm a aparência de gente do povo. Não revelar suas posições sociais só os deixará mais perto da severa punição. Vocês devem ser espiões – antes que pudessem dizer algo, um soldado apareceu apressado.

– Marechal Davout – interrompeu o soldado. –, estamos tendo problemas com um grupo de russos perto do Kremlin. Eles estão munidos de armas e tomando posição contra nossos homens, formando uma grande barricada. Estão ameaçando explodir todo o lugar em nome do governador, um tal de Rostopitchigneds... Sei lá como se pronuncia isto, senhor.

– Será que vou ter de resolver tudo sozinho? – enfureceu-se o marechal, abotoando o uniforme. – Vamos indo, homem, pelo jeito não existe mais ninguém por aqui para acabar com esses focos de rebeldia.

– Senhor! – interrompeu um soldado na saída do marechal. – E quanto a esses prisioneiros?

– Ora, não me chateie com pequenos problemas. Você sabe quais são as ordens, ajudante, execute-as!

Caio e Ivan foram conduzidos de volta às ruas juntamente com um grupo de prisioneiros. Foram sendo empurrados ora por baionetas, ora por risadas. Depois de uma longa caminhada, os presos foram para uma área descoberta atrás de um convento. Lá havia dois postes e, atrás deles, via-se um buraco fundo. À frente dos postes, estavam cinco soldados com uniformes diversos, conversando em várias línguas. Ouviu-se, então, o rufar de um tímido tambor que não conseguia atrair a atenção dos animados soldados. Somente com a chegada de um rapaz que vestia um uniforme azul com dragonas vermelhas foi possível formar o pelotão. Um a um, os soldados foram se pondo em posição de sentido, empunhando fuzis.

– Atiradores, à frente! – ordenou o oficial.

Os passos treinados, que soavam como um só passo, fizeram os cinco prisioneiros tremerem.

Em nenhum momento sequer os olhos frios do pelotão encararam os dois prisioneiros escolhidos e postos à mira. Dois soldados se aproximaram dos condenados. Um deles amarrou os pobres coitados aos postes, enquanto o outro se mantinha num ensurdecedor silêncio. Os dois rostos, implorando piedade, foram confinados a sacos pretos. Caio sentiu um frio correndo na sua espinha. Sua garganta, que palpitava o coração assustado, nem ousava engolir a saliva.

– Apontar armas! – ordenou o oficial, içando um sabre acompanhado pelo ritmo repetitivo do tambor – Preparar!

O coração de Caio disparou, quase foi arrancado, ao ouvir o terrível som das armas sendo desengatilhadas.

– Fogo!

Ressoaram trovões esfumaçando pólvora. O corpo de Caio estremeceu, assim como o de Ivan. Os dois corpos amarrados já se encontravam livres dos seus assassinos e agora restavam apenas as cabeças tombadas de qualquer jeito.

Os dois soldados aproximaram-se novamente dos presos abatidos. Desamarraram as mãos rendidas e, num só impulso, atiraram os corpos para dentro da grande cova.

– Tragam mais dois!

Os dois soldados foram até os prisioneiros agitados e, na pressa, escolheram sem pensar. Empurraram as duas novas vítimas que não demonstraram nenhuma reação.

Caio e Ivan sentiram muita dor quando suas mãos foram sendo

apertadas com as tiras de couro contra os postes ensanguentados.

– Faça alguma coisa, Ivan! – implorou Caio, ao olhar para trás e deparar-se com o buraco amontoado de cadáveres. – Diga a eles quem você é!

– Será que você não entende? Eu não posso.

– Mas por quê? – Caio tentava de todas as formas fugir das amarras.

– É vergonhoso alguém da minha posição ser preso.

– Vergonha!? – mirou Caio boquiaberto. – Daqui a pouco, a gente vai morrer e não vai sobrar mais nada pra você sentir, muito menos vergonha.

– Caio, eu não posso. Se eu falar, posso estar colocando a vida da minha família em perigo! Eu não vou fraquejar. Morra como homem!

– Não! De jeito nenhum! A gente não pode acabar desse jeito – lamentava Caio, mordendo os lábios e cerrando os pulsos. – Assim, não! Num momento estava jantando com Napoleão, salvei a vida dele, e agora estou sendo fuzilado! Como?

– Calem a boca vocês dois, seus miseráveis! – exigiu o oficial, erguendo novamente o sabre. – Atiradores, à frente!

A revolta que refletia nos olhos de Caio foi abafada pelo longo saco preto.

– Apontar armas! – ordenou a voz jovem do oficial. – Preparar!

O coração de Caio batia mais forte do que o inquietante tambor ao ouvir os estalidos dos gatilhos, mas, em seguida... Silêncio. Foi exatamente isso que Caio sentiu ao seu redor. Virava a cabeça tentando descobrir o que acontecia, mas só conseguia ouvir um burburinho ao longe e passos apressados. Poucos minutos depois, ouviu a voz do oficial.

– Homens, acompanhem-me!

O som dos homens marchando foi se afastando até sumir por completo. O tempo daquela espera sem fim, daquele silêncio à sua volta, estava matando Caio mil vezes.

Passos fortes aproximaram-se de Caio, que ainda se revirava tentando descobrir o que acontecia. Para sua surpresa, retiraram o saco sufocante. O soldado desamarrou os dois ex-condenados e os guiou para junto do outro prisioneiro que esperava encostado na parede do convento.

– Mas o que aconteceu? Por que não morremos? – perguntou Caio, aflito, a Ivan que apenas sacudia os ombros.

– Viramos sortudos! Foi isso que aconteceu – esclareceu o outro prisioneiro, um velho com roupas esfarrapadas cheirando a bebida.

– Mas o que houve? Poxa! – virava Caio para todos os lados. – Cadê os soldados?

– Foi o mensageiro. O garoto chegou aqui e entregou um papel com o selo. Eu não sei o que tinha no papel, mas, seja o que for, os soldados saíram que nem loucos.

– Selo! – repetiu Ivan. – Mas que ódio!

– Mas por que ódio? Você queria estar morto?

– Você custa a entender, Caio. O selo!

– O que tem esse selo. Ele salvou nossas vidas!

– O selo tinha uma coroa com as iniciais N e B, não é? – perguntou Ivan ao esfarrapado.

– Tinha, tinha uma coroa, sim! – confirmou o velho russo, agitando alegremente a cabeça.

– Era o que eu temia. Esse é o selo daquele canalha do Napoleão!

– Ah, agora entendi – riu Caio, sacudindo as mãos zangadas no ar. – Você saiu vivo dessa, mas pelo jeito seu orgulho saiu bem ferido, né? Quem diria? Ivan Sputnik, o terrível, foi salvo por Napoleão Bonaparte!

– Não! Isso não vai ficar assim. Não é justo!

– Andando! – ordenou um dos dois soldados que insistiam em mostrar o caminho a base de empurrões.

7 - A Fuga

Aquele que tem medo de ser conquistado está certo da derrota. (...) A morte não é nada, mas viver derrotado e sem glória é morrer todo dia.

Napoleão Bonaparte

Sem escapatória, os garotos foram escoltados para a direita do Campo da Virgem e, em seguida, juntaram-se a outros prisioneiros. Ao chegarem em um convento incendiado, viram que os antigos quartos minúsculos das freiras, com portas de grades de ferro, tornaram-se celas improvisadas.

Caio e Ivan foram levados para uma das celas abaixo do solo e com corredores na penumbra. Lá ficaram confinados por horas, sem nada para fazer.

De repente, notaram a presença de um homem idoso, baixo, de roupas simples, usando botas enlameadas. O rosto pacífico estava iluminado pela pequena chama de um castiçal, em cima de uma bandeja que carregava. Ao ficar bem próximo deles, Ivan arregalou os olhos. Antes que pudesse dizer algo, o homem fez um sinal com a mão para que se mantivesse calado.

– Trouxe a refeição dos prisioneiros – o homem alertou o soldado postado no final do corredor.

Após o soldado revistar a comida composta de duas tigelas de uma sopa rala e com um cheiro muito ruim, o velho, mancando um pouco, entrou na cela. Colocou a bandeja no chão e, antes de sair, saudou-os, olhando fixamente para o jovem Ivan.

– Não percam as esperanças! Lembrem-se do ditado da mãe russa: "*A liberdade será conquistada pela chama da sabedoria*".

O homem deu uma leve piscada e retirou-se acompanhado pelo guarda.

Ao ficarem sozinhos, Ivan correu para a bandeja e revistou-a, mas ficou decepcionado ao constatar que não havia nada de mais.

– O que você está procurando?

– Eu não sei, Caio. Pensei que minha mãe tivesse me enviado alguma coisa que pudéssemos usar para nos tirar daqui, mas parece que ela só mandou Boris trazer essa comida horrível. Acho que ela ainda está zangada comigo.

– Quem é Boris?

– Ele é o fiel criado da minha mãe.

Caio ficou por um instante pensativo.

– O que foi mesmo que ele disse antes de sair?

– Ah, sei lá! Algo sobre um ditado da mãe russa, sobre a chama da sabedoria, mas eu nunca ouvi esse ditado antes...

– É isso! – disseram os dois juntos, estalando os dedos, e Ivan deduziu.

– Então é algum tipo de mensagem secreta.

Caio e Ivan sentaram e ficaram tentando lembrar das palavras exatas. – Liberdade, chama da sabedoria...

De repente, os dois olharam, ao mesmo tempo, para a chama do pequeno castiçal deixado pelo criado. Os dois a pegaram com cuidado, tirando a vela acesa da sua base. Ivan ficou radiante ao descobrir um pouco de pó negro no fundo da peça, olhou sorridente para Caio e comentou.

– Esse truque é demais!

– O que é isso? – Caio ficou imaginando do que se tratava, enquanto Ivan derramava o pó num guardanapo, devagar.

Sem dizer uma palavra, Ivan foi até a porta e certificou-se de que os corredores estavam desertos. Depois, pegou o guardanapo e foi derramando o seu conteúdo dentro do buraco da fechadura. Usou um pouco da cera derretida para cobrir a fechadura. No final, enfiou um pequeno barbante embebido com a sopa, com forte cheiro de álcool, segurou a vela e colocou-a perto da ponta do fio, que logo se pôs a queimar.

Os rapazes foram para um canto e mantiveram-se agachados. Num outro segundo, soou uma pequena explosão, fazendo a porta da cela ficar entreaberta.

– Demais a Natasha! – Caio brindou, batendo sua mão contra a de Ivan. – Sua mãe sabe como usar "*a chama da sabedoria*".

– É, acho que ainda tenho muito de aprender com ela. Essa minha mãe é mais terrível do que eu.

Os dois correram pelo corredor até as escadas, subiram, e Ivan deu uma olhada. A sorte estava do seu lado, pois os soldados estavam ocupados, tentando separar dois ferreiros que lutavam pela posse de um castiçal de prata. Com a distração, os dois fugitivos puderam sair por uma porta lateral.

– Pequeno Ivan! – gritou uma voz entre as árvores mais adiante, já iluminadas pelos raios do sol. – Por aqui, venha!

Os rapazes correram seguindo a voz. Ivan, emocionado ao ver o criado escondido, deu-lhe um forte abraço.

– Ah, meu pequeno Ivan, eu sabia que você conseguiria entender a mensagem – disse o criado, apertando o jovem contra o peito. – Gostou dos meus dois amigos artistas? Da encenação da luta? – Caio e Ivan ficaram admirados. – É, senhor Ivan, sua mãe pensou em tudo.

– Boris, aonde iremos agora?

– Sigam-me! Vamos à cocheira perto da casa do meu irmão.

A cidade se achava vazia. As lojas, fábricas e casas, tudo estava fechado ou queimado. Ouviam-se gritos isolados de cantos embriagados e de choros. Um grupo de cidadãos com roupas rasgadas transportava, em pequenas carretas, objetos de ouro.

– Eles pensam que não há governo – lamentou Boris. – Pensam que podem roubar como os franceses.

– Todos enlouqueceram? Eles acham que cabe somente ao exército defender a cidade? – Ivan, sofrido, continuou. – Tudo está perdendo o valor por aqui, até a nossa consciência.

– Ainda bem que sobraram pessoas como a senhora sua mãe, a princesa, pequeno Ivan. Por simples amor ao próximo, ela ajuda os feridos e os necessitados. Ela não espera acontecer, ela sabe o que fazer. Venham! Vamos embora daqui!

Virando na rua Povarskaia, finalmente, os rapazes e mais o criado idoso alcançaram a cocheira, porém, por azar, estava coberta por chamas altas e pelo som dos relinchos apavorados dos cavalos. Ivan, com a ajuda de Caio, pegou umas mantas jogadas na rua e molhou-as num bebedouro de animais à beira da calçada. Com muita coragem, eles as usaram para se protegerem do calor insuportável e foram soltar os dois animais que, assustados com o fogo, teimavam em não dar nenhum passo. Ivan, quase sufocado, pegou a sua manta e cobriu os olhos do cavalo que só assim o obedeceu, saindo daquele inferno. Caio seguiu o exemplo e também conseguiu levar o outro cavalo para fora.

Depois de retomarem o fôlego e ajudados pelo criado, os dois se afastaram da cocheira guiando os animais, exatamente no momento em que o teto em chamas desabava. De posse de um mosquete, das provisões e do mapa feito pela própria Natasha, dirigiram-se à saída de Moscou rumo a Kaluga, onde, de acordo com as informações da princesa, encontrariam o exército russo que estava posicionado naquela região. Ivan conhecia bem o lugar, pois seu pai tinha o hábito de levá-lo até lá para caçar, desde que era pequeno. O jovem nobre se despediu do fiel amigo Boris e, na companhia de Caio, ainda se acostumando com a montaria, deu início a grande jornada. Já se encontravam na estrada, quando viram Boris aos gritos, correndo para alcançá-los. Ele esquecera de entregar a Ivan uma carta da princesa endereçada ao general Kutuzov. Mais uma vez, o fiel criado se despediu dos jovens, acenando e enxugando as lágrimas.

8 - Travessia da Floresta

A guerra é tão injusta e feia que todos aqueles que a fazem devem tentar abafar a voz da consciência dentro deles mesmos.

Leon Tolstoy

A madrugada custava a trazer os novos raios de sol tão bem-vindos naquele frio incessante. A escuridão só era amenizada ao olhar para trás, de onde emergia uma grande abóbada rubra que emanava da velha capital, agora, uma verdadeira floresta de fogo. Caio olhava radiante para a luz do fogo, para as estrelas riscadas pela cauda de um cometa. Todas essas cores e luzes seriam um grande espetáculo se, antes, Caio não tivesse reparado no reflexo das chamas nas lágrimas contidas do amigo russo. Quantas vidas e quanta dor alimentavam aquelas infernais labaredas que alcançavam o puro céu estrelado. O silêncio foi cortado pelo gélido vento. Um arrepio de medo, vindo da imensidão que os cercava, fez com que os dois rapazes deixassem as mágoas para trás e retornassem o galope para se encontrarem com o exército da salvação.

Um dia se passou, viajando e caçando pequenos animais, seguido por noite gelada, na qual os dois jovens ficaram aquecidos apenas por pequena fogueira que não chamava a atenção. Ivan estava com dificuldades de seguir a trilha deixada pelo exército, pois a chuva forte dos últimos dias tratou de ocultar qualquer vestígio. Além disso, o vento intenso e a neve grossa provocavam alterações na paisagem. De uma hora para outra, a terra, enlameada e acobreada, delineada por pinheiros altos com folhas em tom de ferrugem e avermelhados, passou a ser branca, mas com alguns pontos cinzas das pedras. A vegetação verde tornou-se rala e o que se sobressaía agora eram os galhos secos cobertos de branco e a rara presença de animais. Como bom caçador que era, Ivan ficou a observar as outras pistas que lhe restaram. Devagar, andou nos arredores até encontrar uma boa quantidade de galhos partidos e cascas de árvores arrancadas que, provavelmente, foram utilizadas como fogueiras ou para montar pequenos abrigos. Mais à frente, um rio raso que riscava a terra branca e fria denunciou a travessia da grande caça. Em seu leito, ficou o rastro profundo e alinhado de rodas de carroças, também, havia marcas menores de rodas de canhão.

Durante a viagem, a intuição de Ivan o fazia segurar firme as rédeas do cavalo, pronto para, a qualquer instante, pôr-se em fuga. A sensação de que algo os seguia aumentava durante a noite. Caio e Ivan acamparam num bosque. Com a fogueira pronta e os cavalos já alimentados, os dois, agora, dividiam um pedaço de carne de lebre fincado num graveto e assado no fogo. Enquanto os dois se aproximavam ao máximo da fogueira, algo se mexeu entre as folhagens.

– Ouviu isso? – alarmou-se Caio que olhava em toda a volta, dentro da escuridão, para averiguar a origem do som.

Rodeados por um silêncio ameaçador, os dois únicos seres humanos das redondezas começaram a sentir um pequeno sopro do vento gélido e os pelos dos braços se arrepiaram. A luz da fogueira refletia um intenso vermelho em brasa nos galhos das árvores próximas. Esse foi o sinal para fazer passar no cérebro de Caio ondas de imaginação carregadas com imagens de monstruosidades que dispararam e o medo cego abalou o espírito. O crescente da lua ocultada às vezes por nuvens ligeiras impunha mais mistério. Uma sombra distorcida crescia no tronco. Os dois se entreolharam com um secreto temor. A falta do barulho dos animais à noite fazia o instinto do russo despertar. A vastidão infinita da noite revelava aos dois o quanto eles eram ínfimos e insignificantes, verdadeiras presas fáceis daquela natureza obscura. O vazio da imensidão esmagava a alma e extraía a autoconfiança. Um som vindo dali ou daqui ecoou como o lamento de uma alma perdida com certa ferocidade na última nota. Caio virou a cabeça até encontrar encarar o rosto apreensivo do parceiro mais recuado. Ivan, empunhando o mosquete, fez sinal para Caio se manter em silêncio. De repente, uma rajada de vento diminuiu o fogo quase o apagando. Caio abaixou-se devagar, pegou mais gravetos amontoados e alimentou as chamas. O fogo renovado crepitou alto. A calma aparente do rapaz fez com que agisse com cautela ao pegar um graveto com a ponta em brasa. Devagar, Caio ergueu-se um pouco, mantendo-se meio agachado, pronto para um eventual ataque. Um segundo grito se espalhou no ar. Caio vigiava uma área e Ivan, de costas para o amigo, cobria o restante. O silêncio selvagem e mórbido voltou mais forte do que antes. O silêncio se foi com o súbito relincho alarmante dos dois cavalos que tentavam se desprender dos galhos da árvore. Por mais que estivessem com os sentimentos de pavor à flor da pele, os dois amigos não os deixavam escapar. Afinal, sobreveio um foco de coragem esmagando os receios por parte do garoto russo. Com um aceno leve da cabeça, o russo indicou um local, entre árvores de galhos secos, onde se escondia um movimento suspeito. Ivan, acompanhado por Caio, tentou se aproximar, apontando a arma. O desassossego dos cavalos só aumentava a frequência dos sons, que agora ressoavam em toda a volta... Um círculo de sons bestiais os rodeava.

– Quantas balas você tem? – sussurrou Caio, sem desviar a vista do movimento da folhagem à sua frente.

– Duas – foi a resposta de Ivan que derramava um punhado de pólvora pelo cano do mosquete.

– Que droga! Como vamos sair desta?

O movimento desaparecia e surgia em outro ponto da escuridão.

– Ali! – Caio apontou para o espaço entre uns arbustos a menos de 10 metros, onde se projetava uma sombra. – Mira para ali.

Ivan se ajoelhou e apoiou a arma no joelho e já estava com o alvo pronto... Mas ficou imóvel.

– O que está esperando? – murmurou Caio, agitando os braços impacientes. – Atire!

Ivan ficou a observar a sombra regredindo e, com ela, iam-se os sons animalescos até sumir por completo.

– Mas que ódio! – Caio sacudia os punhos no ar. – Por que não atirou? Ele estava na sua mira!

– O que estava na mira? – disse Ivan, indo na direção dos cavalos.

– O lobo, o que mais poderia ser com aquele tamanho?

– Caio, você não notou algo estranho?

– Sim, notei que você ficou parado. – Caio cruzou os braços, enquanto encarava o amigo trazendo os cavalos para perto do fogo. – Parado, não, congelado!

Ao ouvir aquelas palavras, Ivan largou os animais e avançou até ficar cara a cara com o provocador.

– Será que não viu que mal apontei, e o seja lá o que for se afastou?

– Isso ainda não explica o porquê de você não ter atirado.

– Eu só tenho duas balas e uma vida – gritou Ivan com olhar cheio de fúria. – Um bom caçador não desperdiça munição... – Ivan interrompeu a discussão depois de verificar os rastros perto da folhagem. – E muito menos quando se encontra em minoria. Minha nossa!

– Você perdeu a chance – Caio ignorou o que Ivan comentara. – Que inferno!

– Você é muito sem paciência pra saber o melhor momento de atirar.

– Eu teria atirado. Droga! Foi uma grande sorte nossa aqueles lobos terem se assustado.

– Mas como você é teimoso. Lobos não atacam homens.

– Como, não atacam? Desde quando?

– Desde sempre. Lobos são animais tímidos. Eles não gostam de ficar perto de homens e muito menos dos homens perto de fogo.

– Tímidos! Só faltava essa. Daqui a pouco, você vai me dizer que eles não são carnívoros.

– Carnívoros, sim, mas eles respeitam a presença dos homens. Um modo de uma alcateia atacar homens é se um dos que formam o casal líder for, de fato, um lobo misturado com cão. Se o líder for um cão selvagem, isso sim é perigoso.

– Tá bom, e como é que você então sabe que não tinha um cão entre eles?

– Não eram lobos. O que estava ali na moita era muito grande pra ser.

– Então, era um urso?

– Urso não ataca em bando.

– Mas que maldição! Você devia ter atirado. Aí, sim, os outros teriam fugido... – o aborrecido Ivan virou as costas, ignorando as últimas falas do insistente, Caio, furioso com essa atitude, agarrou o braço do russo. – Você, hein! Ivan, o terrível, arriscou demais as nossas vidas!

– Você não entendeu até agora o que aconteceu. Você não entendeu a sorte que tivemos por eu não ter atirado.

– Se eu não entendi me explique, droga! – jogou Caio, raivoso, o graveto no chão.

– Eu não vou dizer nada. Você não merece nenhuma explicação – soltou-se Ivan com zanga da mão repressora de Caio. – Vá dormir, Caio. Temos de acordar cedo. Amanhã, vamos alcançar o exército de Kutuzov.

– E como pode ter tanta certeza disso? Por acaso está farejando o exército? – implicou Caio, fazendo o irritado Ivan virar-se empunhando a arma.

– Amanhã, estaremos comendo no acampamento com meus compatriotas. E basta! Vá dormir – foram as últimas palavras do russo antes de se afastar do briguento.

Caio estendeu a cama de pele sobre os ramos e, com uma boa carga de raiva, desatou os tênis. O sono custou muito a chegar. Caio ficou a meditar com a ajuda das chamas. Sua raiva foi se esvaindo e, em seu lugar, veio um sentimento de remorso. Afinal, deveria estar feliz por ainda estar vivo e por estar na companhia de alguém como Ivan, que não se deixava dominar por seus medos. Caio ficou pensando em tudo, em sua casa, em seus pais, até um sono profundo forçar as suas pálpebras a fecharem-se.

De manhã, Ivan fez o adormecido saltar com um leve chute nas costas. Faltavam ainda três horas para o dia raiar, embora fossem seis horas da manhã. No meio daquela escuridão, Caio, enrolado na pele, foi arranjando ânimo, enquanto Ivan renovava o fogo e preparava um café.

– Ahhhhhh! – bocejava Caio. Enquanto se espreguiçava, olhou ao redor e, ao ver que estava na floresta, seu rosto mudou. – Que pena. Tava num sonho tão bom. Sonhei que tava em casa, comendo a comida da minha mãe... – bocejou novamente.

– Eu também sonhei com isso. Com a comida feita pela minha Olga. Pena que durou tão pouco o meu cochilo.

– Você ficou acordado a noite toda? – o russo acenou com a cabeça confirmando. – Devia ter me chamado pra revezar. Poxa, estamos nisso juntos, não é? – ao ouvir aquela última frase, Ivan deu um leve soco no braço de Caio, que se encolhia dentro da pele. – E eu que reclamava de acordar cedo pra ir a escola... Que frrrrrio!

– Tome isso aqui. – Ivan passou uma caneca a Caio que a tomou em um grande gole.

– Hurgh! – o engasgo de Caio fez sua voz se tornar rouca. – Isso aqui tá queimando a garganta. Que diabo é isso?

– É aguardente pura.

– Onde você arranjou?

– Eu achei um barrilote no fundo do saco de mantimentos. É – Ivan estava ostentando um sorriso maroto. – O velho Boris pensou em tudo. Essa garrafa é das boas. Isso vai nos ajudar bastante.

– Como assim? – estranhou Caio com a voz voltando ao normal.

Sem dar resposta, Ivan se levantou e pôs-se a preparar os cavalos. – Vamos logo! Não podemos perder mais tempo, os dias estão cada vez mais curtos. Vamos!

O tempo claro animou os dois viajantes a prosseguirem na busca do exército. A noite agitada e perigosa deu-lhes energia para cavalgarem mais rápido.

Durante a cavalgada, os dois voltaram a sentir, mais do que nunca que estavam sendo seguidos. Algumas vezes, era possível ver formas vagas que passavam por entre as árvores, mas que se empenhavam em ficar escondidas da vista dos viajantes.

9 - Taras Bulba

Uma das primeiras condições para a felicidade é que o elo entre o homem e a natureza não seja quebrado.

Leon Tolstoy

Já passava do meio-dia quando os dois avistaram o acampamento do exército russo ao longe. Agora, só seria necessário um pouco de tempo para descer a grande colina e ultrapassar uma planície sem fim, verdadeiro deserto branco, para chegar lá. Caio e Ivan já estavam prestes a prosseguir, quando, de repente, viram seus perseguidores surgirem das sombras da floresta para a clareira onde se encontravam. Homens e mais homens montados em cavalos a galope ficaram fazendo círculos em volta dos atordoados. As patas dos cavalos espalhavam a neve sobre os indefesos. Não havia nenhuma possibilidade de fuga e os homens, como que brincando, colocavam-se a rir e a uivar na frente das presas.

– Mas quem são eles?

– Cossacos! – gritava Ivan sem desviar os olhos dos cavaleiros agitados.

– Cossacos? – espantou-se Caio, que não tirava os olhos de um dos cavaleiros de bigodes longos e espessos, usando um longo gorro de pele preta com faixas e calça bufante e larga, que, na brincadeira, ameaçava golpeá-los com seu sabre. Os cavaleiros cavalgavam sob uma aparência de algazarra, mas, na verdade, possuíam uma organização severa. Nenhum dos homens saía de linha e, em nenhum momento, forçavam suas montarias ao extremo.

– Fique calmo, Caio, eles estão nos testando.

– Testando? Eles vão acabar com a gente.

– Pode acreditar, Caio! Se eles quisessem, já teriam acabado com a nossa raça. Quem você acha que estava nos seguindo todo esse tempo? Esses devem fazer parte do grupo de Kutuzov.

– Tem certeza?

– Para o nosso bem, espero sim.

O círculo de cavalos indomáveis deu trégua e, por fim, um dos homens franzindo as sobrancelhas pretas e espessas, fixou-se na figura fria de Ivan. O desconhecido, o mais velho do grupo, saltou do cavalo com tamanha força que suas botas com esporas de prata esmagaram a grama queimada pelo gelo. Tratou de ajeitar o casaco de pele pesado sobre os ombros robustos e posicionou as mãos calejadas no cinto bordado de onde se viam duas pistolas. Caminhou até os garotos imóveis com um leve mancar. Dava para perceber que não conseguia dobrar direito um de seus joelhos. Os outros guerreiros mantinham-se a postos, cada um com uma das mãos nas rédeas e a outra apoiada no mosquete pendurado nas costas.

– Olá, senhores! Sou Taras Bulba, chefe do regimento cossaco. Quem são vocês?

– Que a vida sorria a seus irmãos e filhos! Eu me chamo Ivan Sputnik.

– Sputnik! – Taras passava as mãos nos longos bigodes grisalhos. – Tem parentesco com o príncipe?

– Sim, sou seu filho.

– Que sorte a nossa encontrá-lo!

– Danou! – desabafou Caio. – Agora, eles vão querer um resgate.

– Como queres morrer por tal infâmia, estrangeiro? – disse o líder dando uma cusparada e colocando a mão sobre o cinto. – Enforcado, esquartejado, queimado, esfolado vivo ou simplesmente degolado?

– Só faltava essa.

– Caio, cale-se! – ordenou Ivan com um olhar severo.

– Ah, para quê? Eu já estou cheio! Nós já fomos quase fuzilados pelos franceses e, agora, vou ter medo de morrer nesse fim de mundo por cossacos?

– Fuzilado? Ora, será que está sempre acompanhado pelas mãos protetoras de Deus ou será que vai terminar agora?

– Deixe-o! – interferiu o garoto russo. – Ele não conhece vocês como eu conheço.

– Conheces? Essa eu quero ouvir. Prove o que diz.

– Conheço pelas histórias do meu pai, um príncipe que, como vocês, está na luta pela nossa gloriosa Rússia contra o próprio diabo, Napoleão.

– Sábias palavras. E diga: o que um filho de tão importante nobre está fazendo tão longe de casa com seu lacaio?

– Eu não sou lacaio de ninguém – enfureceu-se Caio, sem mais se importar com as consequências.

– Mas você não é um de nós – encarou-o o velho guerreiro.

– Ele é meu amigo – tentou Ivan ficar entre os dois esquentados.

– Um amigo que verá minha mão empunhando o meu fiel e glorioso sabre se continuar a me afrontar. – Taras afastou o russo e pôs-se cara a cara com Caio, que mantinha uma expressão de teimosia. – E então, vai rastejar-se pelo meu perdão, seu bastardo?

– Se acha glorioso matar alguém desarmado, vá em frente, mas eu não me rastejo droga nenhuma.

– Escutem isso, camaradas! – o líder ergueu as mãos como se estivesse a saudar. – Eu não disse que sei farejar coragem. O que eu disse a vocês ontem à noite, hein? Esses dois são cossacos de alma! – de repente, o cossaco se virou novamente para Caio e agarrou-o pelos braços. – Escute, filho, continue a castigar a todos com suas palavras como fez comigo. Nunca deixe alguém humilhá-lo, mas seja como for, aprenda com seu amigo, que ontem se mostrou sábio quando não atirou em um de meus homens. Quando se está em minoria é bom esperar o momento certo para revidar. Gostei! Gostei de ouvir! Eu sabia que vocês eram carnes boas desde ontem.

– Eram vocês, é? – Caio mirou no amigo russo, que, com um balançar da cabeça, confirmou.

– É, e por mais que tentássemos assustá-los, armaram-se com frieza e astúcia para domar o medo. Como gostei de ver isso!

– E desde quando cossacos ficam a assustar viajantes? – indagou Ivan.

– Por uma triste razão. A primeira: o nosso tédio. Há semanas estamos somente a vigiar e informar sobre o movimento dos franceses. Bem deve saber o quanto nos esfria o sangue não ter combates a enfrentar.

– Há quanto tempo estão nos seguindo? – perguntou Caio.

– Estamos no rastro desde que saíram de Moscou. – disse um dos montados que possuía uma cicatriz no canto do olho esquerdo.

– Achávamos que vocês poderiam ser espiões. – completou o outro cavaleiro, o único de cabelos ruivos, ao lado do homem de cicatriz.

– Nossa tropa esteve todos os dias somente a fazer guerrilha.

– Guerrilha! – assustou-se Ivan. – Então vocês estavam na cidade destruindo? Foram vocês que atearam fogo?

– Como pode acreditar que tivéssemos algo a ver com tamanha atrocidade contra o povo russo? – ficou Taras boquiaberto. – Por Deus! Nunca fizemos algo que não fosse para desarticular os nossos inimigos.

– Mas não acha que vocês são poucos para fazer essas guerrilhas?

– Poucos? – Taras deu uma grande gargalhada, acompanhado pelos outros companheiros. O velho foi parando de rir ao mesmo tempo em que erguia seu mosquete, dando um tiro para o alto. Logo se ouviu um barulho de dezenas de rodas de carros puxados por bois guiados por um regimento. – Vejam! Estamos em todos os lugares, da estepe até as colinas mais distantes.

– Disso eu sei. Meu pai sempre me contou que, há tempos, os guerreiros cossacos são reconhecidos como salvadores da Europa, guerreando e expulsando sem trégua os invasores vindos do oriente.

– A nossa tática sempre nos foi boa. Avançamos durante a noite, repousando um pouco de dia nas florestas. Sempre usamos espiões para informar sobre o movimento do inimigo. Assim, conseguimos atacar de um só golpe nos lugares menos esperados. Cortamos a comunicação e saqueamos as linhas de abastecimento. É desse modo que vamos aniquilar Napoleão e seus filhos do diabo.

– Invasores do inferno, filhos de uma rameira! – o ruivo cuspiu com raiva. – Morram como velhas!

– Não, Guska, que morram como cães famintos – contrariou o amigo cossaco, roçando a mão na cicatriz. – É melhor queimar a colheita, roubar a forragem dos cavalos e matar o gado do que deixar para esses cães.

– Queimaram as igrejas de Moscou, roubaram as casas e mulheres de nossa Moscou... – exasperou-se o cavaleiro de cabelos pretos e olhos grandes, o mais jovem do grupo. – Malditos, que queimem no inferno!

– Deixe estar, irmãozinho – comentou o sujeito de cicatriz. – O dia da vingança está próximo. Vamos deixá-los sem nada, tiraremos até o último botão daqueles uniformes bestas – ria o cossaco.

– Acho que já estamos indo bem lhes tirando a pilhagem – disse o jovem ao bater no ombro do irmão.

– Vocês querem dizer que essas carroças... – Ivan correu para uma das carroças onde alguns homens estavam a cochilar sobre uma lona. Um deles, o mais gordo, fazia seu gorro de travesseiro, nem se incomodou quando, num só movimento, o jovem russo ergueu o pano. A fisionomia do russo se alterou ao contemplar tamanha quantidade de sabres, mosquetes, barris de pólvora, mas também misturados havia candelabros de prata, tecidos finos e diversos casacos de pele. – Vocês pegaram tudo isso? Saquearam a cidade! Como puderam fazer isso?

– Meus companheiros de armas tomaram os despojos de guerra por direito. Saqueamos o que já havia sido saqueado e só – admitiu Taras, aproximando-se de Ivan, ainda atordoado com o volume da carga.

– Como puderam pensar em saquear quando bem podiam ter enchido essas carroças com os nossos conterrâneos que ficaram à mercê do incêndio! Havia famílias lá! Minha família estava lá!

– Não se aflija por isso – confortou o líder. – Nós vimos a retirada da nossa gente. Até o maldito Napoleão conseguiu escapar do Kremlin onde tinha se instalado e agora está longe, ocupando o palácio de Petrovski.

– Mas vocês só foram lá então pra roubar? – disse Caio, que, ao olhar para as sobrancelhas cerradas do líder, logo se arrependeu do comentário.

– Um cossaco ladrão? Escuta, filho, não nos conhece bem. Mesmo que um cossaco se apossasse de uma ninharia sequer, seria desonrado perante os companheiros. Seria amarrado na árvore mais alta e, em seus pés, seria colocado um galho afiado e cada um de nós o bateria até que a morte fosse mais do que bem-vinda ao desgraçado – Taras andou para perto dos companheiros em silêncio. – Nossas regras são severas e simples como na época de nossos antepassados. A um caloteiro damos uma humilhação até que alguém se disponha a pagar sua dívida, e o pior reservamos ao assassino, este simplesmente é enterrado vivo.

– É isso que faremos com os assassinos invasores, com Napoleão – incitou Ivan, saindo de perto da carroça e colocando-se na frente de Caio. – Devemos fazer o que é nosso destino: abater de uma vez esses porcos. Quero ser um amaldiçoado se deixarmos escapar um deles daqui da Rússia!

– Hão de morrer de fome e frio, canalhas! – previu o mais jovem.

– Ah, isso vão, meu filho! – insistiu Taras. – Nós não vamos ficar parados. Não morreremos sem antes travar uma luta digna pela pátria e pela cristandade. Diabo, para que servimos? Para que vivemos então? – o velho manteve os olhos na fisionomia de Caio que, agora, tenso, tinha receio de fazer qualquer gesto que fosse mal-interpretado pelos bravos homens.

– Bom – disse Ivan, retornando a seu cavalo – Já que temos, então, uma tarefa dura... – inesperadamente, o jovem russo tirou algo de um saco pendurado na sela e exibiu o barrilote de aguardente. – Bebamos, pois, antes de mais nada, a nossa Rússia e ao nosso tzar. Eu o ofereço a vocês, irmãos.

– Essa é a de 40 anos? – Ivan acenou confirmando. – Ai, ai, ai! E essa agora. Bom, já que não estou em longas marchas, acho que não há mal nenhum tomar essa aguardente – sem cerimônia, Taras pegou o barrilote e, de uma virada, deu um grande gole. – Ah! Essa aqui assovia e queima a garganta. Ah! Como é bom poder tomar uma pura para se esquecer daquelas feitas de passas e outras imundícies que o exército nos abastece.

– Por mil raios, pai, vai nos deixar a seco? – enfureceu-se o cossaco com a cicatriz.

– Dobre a língua, Okrin, ou eu o faço engolir meu punho, seu bastardo!

– Que me faça engolir, pai, mas não me faça engolir a seco.

– És um verdadeiro Bulba, não negas o sangue! Muito bem, muito bem, meu filho, então, vamos sentar um pouco, antes de partir seguindo o costume da nossa cavalaria. Comecemos por essa generosa aguardente ofertada pelo nosso novo camarada. Mas antes me deixe preveni-los pela última vez: se eu pegar um de vocês bêbado, eu não vou perder tempo com nenhum julgamento. Será agarrado por essas minhas mãos como um cão sarnento, fuzilado e, no final, farei com que seu corpo seja jogado na terra para servir de carniça para os abutres. Quem não seguir essa regra cossaca, não é digno de um funeral cristão.

Enquanto os cavaleiros desmontavam e pegavam seus mantimentos pendurados nas selas, Taras virou-se para os dois amigos, dando um sorriso amigável.

– Por Deus! – bateu o líder as mãos contra a testa. – Mas onde estou com a cabeça. Ai, meus Deus, deve ser a velhice! Onde estão meus modos que não tratamos de receber nossos novos amigos de forma civilizada! Balaban, meu filho – gritou o velho para o cossaco mais novo. – Onde está a comida para dividirmos com os nossos viajantes?

– Aqui no alforje, meu pai – pegou o rapaz uma pesada sacola de couro cheia de bolsos.

– Ah, que seja! – sorria Taras para Caio e Ivan. – Vocês dois devem estar com fome depois de tanto cavalgar. É preciso que vocês ganhem força antes de se juntarem ao exército russo. Braços e valentias como de vocês vão ser de grande serventia para o general Kutuzov.

Apenas uma interrupção de minutos foi necessária para ser executado com perfeito sincronismo o pequeno almoço. Os habituados bárbaros apearam, apanharam o precioso barrilote e cada cossaco foi se servindo de um gole. Imediatamente, apanharam várias tábuas finas de madeira que serviam de louças. Sem perda de ritmo, foram distribuindo pão, toucinho e mais um bolo com mel entre eles e os dois viajantes. O tempo foi fazendo com que o grupo se encontrasse mais descontraído.

10 - Acampamento Russo

A lei condena e pune somente ações dentro de certos limites estreitos e definidos; ela justifica assim, de certa forma, todas as ações semelhantes que caem fora desses limites.

Leon Tolstoy

– Caio Zip é seu nome, não? – indagou Taras. – Caio não é um nome russo.

– É latim – respondeu Caio, servindo-se de um grande pedaço de bolo. – Significa alegria.

– Latim, é? – o velho ergueu a sobrancelha e prosseguiu. – Diga-me, Caio, como se diz saúde em latim?

– Salut... – Por mais que Caio tentasse responder, a boca, transbordando farelo, não deixou.

– Nem perca tempo em responder – ria Guska do guloso, servindo-se de um pedaço de carne seca fincada no punhal. – Nosso chefe adora se fazer de ignorante para, depois, mostrar o quanto ele pode arrasar uma pessoa.

– Um homem astuto é o homem que persegue o conhecimento. Diga, Caio, você já frequentou uma escola?

– Eu ainda estou estudando, eu acho.

– Boas palavras, meu jovem. Um homem sempre deve estar aprendendo. Há tempos nós fazemos com que nossos meninos sejam criados livres nas estepes, mas depois os fazemos entrar na escola. Estudam e estudam. Aí é que eles deixam de ser selvagens.

– É – disse Guska. – Ainda me lembro do meu primeiro dia. Fingi que estava dormindo, depois, saí pela janela e escalei o muro. Foi uma proeza e tanto.

– Eu me lembro – Taras franziu as sobrancelhas espessas. – Eu ajudei seu pai a levar você de volta depois de ele ter lhe dado uma surra.

– Mas para que eu devia ficar lá? Para que eu tinha que estudar latim se isso não ia me ajudar em nada?

– Por quê? Quer ser um cavalo xucro a vida toda?

– Prefiro. O que adianta encher a cabeça das crianças com tanta bobagem. Desgraçados de professores! Só sabiam berrar e mandar. Aposto que nenhum deles duraria um minuto aqui fora.

– Você acha? – o líder cruzou os braços.

– Claro! Por que a escola não ensina o que todo menino deve saber? Só o tempo e meus companheiros me ensinaram a cavalgar, esfolar uma caça, acender cachimbo num dia de chuva, usar um mosquete...

– E acha que vai ser um bom chefe só com isso?

– Eu só preciso saber lutar para ser um bom chefe.

– Um bom chefe é aquele que sabe, antes de tudo, que seus conhecimentos vão ajudar a comunidade. Um bom chefe aprende a sobreviver e a raciocinar. Só assim ele pode liderar seus homens. Latim é inútil! Como pode dizer isso? Não sabe que os bons livros de estratégias romanas estão em latim? Vai tentar organizar um exército sem saber fazer cálculos. Vai, sem saber interpretar os dados que seus espiões lhe trazem... Vai! – Taras cuspiu ao lado de Caio, que a tudo escutava. – Sua vida vai valer menos que uma garrafa vazia.

O ruivo, engolindo em seco, pôs-se de cabeça baixa, sentindo o peso da falha.

– Perdoe-me, Taras. Eu já deveria saber que não se ganha de um velho lobo como você.

– Ah, meu camarada, já não estou mais em idade de correr por aí como antes – comentou Taras, esfregando a mão no pescoço dolorido. – Mas a cabeça ainda anda afiada como meu sabre. Meu tempo aqui na terra do Senhor está no fim, bem sei. Há muito, rogo a Deus que, pelo menos antes de partir, me conceda a honra de morrer em combate. Tomara que minha morte seja gloriosa, assim como a minha vida foi próspera.

Sentado ao lado de dois cossacos, Ivan retirou o casaco e a manga da camisa para esfregar o braço, o que chamou a atenção de um deles.

– Esse ferimento de bala não está cicatrizando – o cossaco de cabelo e pele morenos ficou a reparar na ferida coberta de pus. – Como você levou esse ferimento de bala?

– Quando tentei matar Napoleão.

– Verdade? – o moreno arregalou os olhos. Pelos céus, garoto, como foi isso?

– Foi bem perto. Mais um pouquinho e eu acertava nele bem naquele peito cheio de medalhas – suspirou Ivan, mirando em Caio,enquanto conversava com o filho mais novo de Taras. – Foi uma pena que uma cara bloqueou meu tiro.

– Você deve cuidar desse ferimento, garoto, senão você ficará com febre – sugeriu o outro cossaco de olhos castanhos, grandes, vestido com casaco cinza. Sem dúvida esse era o mais robusto de todos os guerreiros. – Tome. Despeje essa carga de pólvora na aguardente e engula num trago. Quanto à ferida, coloque um pouco de barro misturado com boa cuspida, amasse bem e ponha no local inflamado. Vai ver que amanhã mesmo estará quase sarado.

– Obrigado. Seu nome...

– Sou Vasilievitch Gogol – esticou a mão o cossaco. – Mas pode me chamar de Bulba, é assim que meus camaradas me apelidaram.

– E eu me chamo Zhukov – acenou o moreno.

– Diabo! – xingou o cossaco de sobrancelhas grossas, revirando o cinto que amarrava a calça preta.

– O que está procurando, Ostap? – perguntou Zhukov.

– Perdi meu cachimbo. Só restou o canudo.

– Tome aqui – o moreno deu uma faquinha para o distraído. – Faça um buraco e encha de fumo, depois é só acertar o canudo.

O homem cavou a terra bem na frente de Caio, jogou um punhado de fumo, encaixou o canudo e, com um graveto da fogueira, acendeu o cachimbo improvisado.

– Quer experimentar?

– Valeu! – Caio aproximou-se e pegou no cachimbo. Em uma tragada, seu rosto mudou com um acesso de tosse.

– Ah, rapaz, isso é que eu chamo de uma boa iniciação.

– Arhggg! Podia jurar que isso é uma boa maneira de matar alguém.

– Ai, ai, ai – balançava Taras a cabeça de um lado para o outro. – Esse garoto tem muito que aprender.

O velho lutador, como os outros companheiros, levantou-se. Enquanto todos estavam a preparar os cavalos, o líder foi até os novos integrantes e, emocionado, agarrou os ombros dos dois.

– Não são meus filhos, Ivan e Caio, mas de agora em diante, estamos presos pelo laço do coração. Não existe lugar nenhum do mundo que saiba o que é fraternidade como nós. Já visitei outros lugares no estrangeiro para ver que os homens lá criados são cultos e inteligentes, mas não possuem uma gota de nossa camaradagem – Taras, com gestos amplos, prosseguiu virado para os guerreiros já montados. – Somos todos camaradas e, acima de tudo, temos um profundo laço com a Rússia e com a nossa Igreja ortodoxa. Mais importante que os despojos de guerra, mais importante do que as nossas vitórias, do que as nossas próprias vidas, o mais valioso, irmãos, é a nossa sagrada camaradagem, legado de nossos antepassados, orgulho que daremos aos nossos filhos e netos. Estamos todos unidos para acabar de vez com o perigoso exército desse cão, Napoleão. Camaradas! – todos os cossacos se colocaram de prontidão. – Pela fé! Pela pátria! Vamos vencer!

– Vamos vencer! – gritaram numa só voz os combatentes russos empunhando os sabres.

Concluída a confraternização cossaca, os rapazes foram escoltados por um par de horas até o acampamento.

Os viajantes inesperados foram recebidos por um pequeno destacamento que os manteve sob vigilância até que um oficial, loiro e de olhos escuros, que trajava um uniforme verde, veio recebê-los.

– Taras! – gritou o oficial, colocando às pressas um chapéu de pele na cabeça. – Trouxe o seu relatório?

– Não é muito agradável de se ouvir, conde.

– Conte logo o que tem a contar.

– Moscou está em chamas.

– É, já soubemos. O outro regimento já tinha nos dado essa trágica notícia – o oficial, como que apunhalado, mordeu os lábios tensos de revolta. O silêncio pelo triste destino da cidade foi respeitado por todos até uma nova força reavivar o rosto pálido do oficial.

– Mas veja, conde, nem tudo é má notícia. Veja, trouxe-lhes novos recrutas! – os cavaleiros afastaram-se, assim, revelando os dois rapazes posicionados no meio do bando.

– Ivan, é você, meu rapaz! – saudou o oficial, vendo Ivan desmontando e indo em sua direção.

– Conde Vassili! – cumprimentou o garoto dando um abraço no oficial de estatura alta. – Quanto tempo!

– Nem sei mais – sorria o oficial, abotoando o casaco. – Mas o que você está fazendo neste fim de Rússia?

– Minha mãe me mandou pra cá.

– Como está a princesa? E seus avós, estão bem?

– Na medida do possível.

– Venha, Ivan, e traga seu amigo – acenou o oficial para Caio, ainda desmontando. – Sei de mais alguém que ficará feliz com sua presença. E como ele precisa de boas notícias... Venha, vamos lá vê-lo.

Ivan e Caio só tiveram tempo de fazer um pequeno aceno para Taras e os cavaleiros que, em algazarra animada, juntaram-se ao regimento cossaco ali acampado. O regimento estava parecendo meio entediado. Alguns trocavam armas, arrumavam os carros de bois e a maioria ficava jogando dados ou fumando cachimbos, mas a presença de Taras fez toda aquela cena mudar. As fogueiras serviram para saltos da dança de boas-vindas e cinco dançarinos começaram a sapatear, batendo com força as botas de cano longo contra a terra, depois giraram no ar e pularam de costas. A dança ainda tinha um passo bem complicado, que consistia em ficar agachado e continuar a seguir o ritmo louco dos músicos, que revezavam com uma perna esticada e com a outra apoiada no calcanhar. Os companheiros que não dançavam batiam furiosamente suas esporas fazendo a marcação.

– Uhaaa! – a emoção e a agitação dominavam os cossacos, que jogavam para o alto os seus gorros.

11 - General Kutuzov

Em toda a História não existe guerra que não tenha sido engendrada pelos governos, somente pelos governos, independente dos interesses das pessoas, para quem a guerra é sempre perniciosa, mesmo se vitoriosa.

Leon Tolstoy

Os dois rapazes foram levados para uma tenda maior, onde havia um oficial com um gorro branco com detalhes em vermelho, de cabelos grisalhos, sentado com os pés em cima da mesa e o uniforme desabotoado. Ao ver os garotos, interrompeu a leitura de um romance francês e os recebeu.

– Ivan, meu rapaz, o que está fazendo aqui? – cumprimentou o velho general que, devido ao seu peso, custava a levantar-se.

– Como vai, general Kutuzov? Como é bom revê-lo! – Ivan deu um forte aperto de mão e apresentou Caio, que ficou a reparar naquele rosto envelhecido, marcado por um olho branco, enrugado por cicatrizes. – Como o senhor está se sentindo agora que é comandante em chefe de todo o exército?

– Nada mal! Tenho de admitir que foi uma surpresa ser chamado pelo tzar para ocupar o seu posto. Eu e Alexandre nunca nos entendemos. Já estava me acostumando com a ideia de ser eleito para ser chefe de recrutamento em Petersburgo. Afinal, depois de tantos anos no exército, sendo o mais velho general russo, eu já não esperava mais nada.

– O senhor merece! Todos na Rússia gostam muito da sua pessoa. Minha mãe disse que não tinha cabimento o próprio imperador russo ficar liderando todo o exército, e também os comandantes russos preferem o senhor, que é mais popular, ao general Barclay de Tolly.

– Pobre homem! Ele merecia o cargo. O pessoal não foi justo com ele. Principalmente, o general Bragation, que teve a petulância de escrever ao tzar fazendo intrigas sobre Barclay. Por causa disso, Alexandre o demitiu do cargo de ministro da guerra e não o promoveu de líder do primeiro exército do oeste para comandante em chefe.

– Bragation odiava Barclay. Todos os comandantes acharam que Barclay foi um covarde, um traidor, por se retirar da batalha em Smolensk. Todos acharam que, se ele tivesse ficado, os franceses não teriam alcançado Moscou.

– Barclay foi prudente – irritado, o general deu um soco no ar. – Ele não sacrificou 200 mil homens contra o exército de Napoleão composto por 550 mil homens naquela ocasião. Ele imaginava que os franceses, no final, seriam derrotados pela imensidão da Rússia e pelo frio. Ele chegou a escrever isso para o tzar, mas todos acharam que era uma desculpa pela derrota. Eu sou o único que o entendo, tanto que estou seguindo sua tática de retirada.

Ivan ficou um tempo refletindo nas últimas palavras até se lembrar de procurar algo entre os seus pertences.

– Já ia me esquecendo, senhor. Minha mãe enviou esta carta.

Kutuzov coçou o rosto marcado pelas batalhas e, depois de acomodar os dois jovens em um pequeno sofá, pôs-se a ler a mensagem.

– Como sempre, a sua mãe, cuidadosa, enviou a carta em código.

– Em código?

– A princesa tem sido de grande ajuda nesta guerra. Ela sempre dá um jeito de enviar mensagens sobre os movimentos dos nossos inimigos.

Ivan e Caio mal puderam acreditar na revelação. Kutuzov ficou decifrando a mensagem, composta de diversas passagens bíblicas que correspondiam a números. O nome da besta, segundo o velho testamento, por exemplo, correspondia ao número 666 ou ao nome de Napoleão.

– Esses dados são preciosos.

Kutuzov mostrou para os garotos a folha com os dados já decifrados. Consistiam de informações sobre a quantidade de tropas, de munição, de víveres e até mesmo da ração diária de cada soldado.

– Preciso fazer alguns cálculos sobre as possibilidades de Napoleão permanecer por muito tempo em nossa cidade.

– O senhor tem de calcular isso? – indagou Caio.

– Ora, rapaz, a guerra não é feita apenas de muitas batalhas. Um bom militar precisa usar cálculos e regras para definir suas estratégias.

– O senhor me lembra alguém que nós conhecemos há alguns dias e que também usa muito bem cálculos matemáticos para definir estratégias – disse Caio. – Por favor, continue.

– Bom, sabe que não é preciso cálculos complexos para chegar a conclusões importantes a partir desses dados? Usando a regra de três, por exemplo, que é apenas uma maneira para resolver problemas que envolvem proporções, posso descobrir muito sobre a situação do meu inimigo. Esses dados aqui são importantes, pois mostram que os franceses têm um problema de abastecimento de comida.

– Então, Napoleão deve estar com pressa de sair da cidade – imaginou Caio.

– Mas é claro! Agora, deixem-me resolver.

Kutuzov fez alguns cálculos e chegou à conclusão de que, mesmo que Napoleão reduzisse a ração diária de cada soldado, os franceses teriam comida para apenas mais uns cinco dias.

– Essa não! – alarmou-se Kutuzov. – Como dois dias já se passaram, isso quer dizer que Napoleão pode estar pensando em sair daqui a três dias! Será que é isso?

– Eles não terão como suportar o nosso rigoroso inverno – concluiu Ivan.

– Deve ser verdade. Se ele estivesse contando com reforços, estaria perdido – Kutuzov não conseguia parar de olhar para os resultados. – Ele deve saber que temos, com a ajuda dos cossacos, interceptado tudo que passa pela estrada de Smolensk. Ele deve saber que ficará isolado se insistir em ficar em nossa Moscou.

– Senhor, depois de tudo isso, só tenho algo a temer.

– Temer!? O que você teme, meu filho?

– O senhor nem imagina como se parece com Napoleão. É incrível! Vai da maneira que o senhor se preocupa com seus soldados até a maneira de colocar a solução de um problema... Do jeito que vocês são, acho que essa guerra vai ficar equilibrada por um tempão.

– Sim, entendo o que você diz e não estou surpreso. Napoleão e eu somos velhas raposas. E, infelizmente, ele já me deu o amargo gosto da derrota em Austerlitz. Tudo bem, isso acabou me fazendo aprender com os meus erros... Mas, desta vez, não tenho de dar ouvidos às ordens de ninguém, também, não tenho de me preocupar em não ser ouvido, e isso já é bastante bom. Desta forma, posso colocar a minha melhor arma, a paciência, em ação. Mas com relação ao tempo... Acho que tenho chances de acabar com essa guerra logo... – disse Kutuzov, esfregando as mãos uma contra a outra, enquanto apreciava a paisagem lá fora por uma fresta da tenda. – Ah! Ah! Ah! Também com o grande general ao meu lado!

– Que general? – estranhou Ivan, tentando encontrar algo na paisagem.

– O general de todos os tempos, o general inverno. Esse, meus filhos, é imbatível! – disse o velho russo com um sorriso confiante, apoiando as mãos no ombro de Caio e de Ivan. – Sabe, Ivan, sua mãe é uma das poucas fontes de informações que me chegam sem levar semanas. Normalmente, todos os dados chegam às minhas mãos tarde demais e acabam virando falsidades. É impossível dar ordens recebendo apenas notícias atrasadas ou incompletas. Não é fácil deslocar 30 mil homens, mover fileiras de canhões e lançar uma carga de cavalaria contra a infantaria francesa com tamanha soma de boatos. Outro dia, na batalha de Tarutino, vieram com a notícia de que haviam capturado e assassinado o marechal Murat, o prestigioso rei de Nápoles, para, logo em seguida, informarem-me que o recém-defunto estaria atacando uma das minhas colunas. Depois, contaram-me que fizeram 1.500 prisioneiros, tomaram 38 canhões, armas, munições, bandeiras e que o destacamento dos cossacos de Orlov Denissov conseguira uma grande soma de selas, mantimentos e objetos valiosos. Em qual boato devo acreditar?

12 - Reunião dos Oficiais

Os dois guerreiros mais poderosos são a paciência e o tempo.
Todos pensam em mudar o mundo, mas ninguém pensa em mudar a si mesmo.

Leon Tolstoy

Os três ainda conversavam quando Kutuzov foi obrigado a parar ao ver que estava atrasado para o encontro. O comandante em chefe, simplesmente, sem sentir o tempo passar, não notara que já estava na hora da reunião exigida pelo conde Benigsen, chefe do estado-maior do exército. O líder, rapidamente, abotoou seu uniforme e guardou seu romance em cima de suas pastas com antigos relatórios.

Ouviu-se um relincho de um cavalo e, em seguida, entrou a galope um rapaz que se dirigiu a Kutuzov. Após a continência, entregou uma mensagem ao general, que se pôs a ler rapidamente.

Moscou, setembro de 1812

Ao comandante em chefe Kutuzov

Não encontro termos para exprimir o meu total desagrado por não ter sido convocado para o conselho superior de guerra para discutir os planos para a batalha em Borodino. Fico mais desapontado ao ver que todos os meus planos de defesa de Moscou foram totalmente ignorados. Foi desconcertante receber um mísero bilhete do sereníssimo afirmando que a segu-

rança da Santa Mãe Russa estava entregue sem combate.

Se o exército já demonstrou que não se prontificará a nos defender, eu serei obrigado a usar os poucos criados, funcionários e operários que permaneceram aqui no combate. Sim, general, Moscou foi evacuada. Não sabendo se os franceses deixariam a nossa antiga capital intacta, como fizeram em Berlin e Viena, a dúvida levou a grande maioria a abandoná-la. De quem é a culpa dessa retirada?

Rogo à Santa Iverskaia para me dar forças e me fazer guiar heroicamente esses verdadeiros compatriotas que me são fiéis, fiéis à defesa da grande Rússia, e deter, assim, essa humilhante invasão. É vergonhoso fugir do perigo! Por essa razão, pelo meu povo, fico em Moscou e farei tudo o que puder.

Quem é o culpado por esta situação?

Coloque a mão no peito, general Kutuzov, e descobrirá.

Conde Rostoptchine
Governador de Moscou

– Ah, meu Deus! – deu Kutuzov um leve suspiro, guardando a carta dentro do paletó. – Quando vou parar de receber essas tristes cartas e, ainda por cima, tão atrasadas!? – o general virou-se para os jovens, exibindo um ralo sorriso, e seguiu para o novo confronto.

Caio e Ivan ficaram num canto observando as fisionomias pesadas, os uniformes com uma variedade de medalhas que cada um daqueles homens robustos ostentava. Havia tanta gente amontoada naquela pequena cabana, chamada, pelos russos, de isbá, que decidiram tirar as cadeiras e se mantiveram de pé. Todos presentes, o conde, um homem tremendamente áspero, abriu a reunião.

– Senhores, como sabem, eu os convidei a essa reunião para resolvermos como deveremos arrancar Napoleão de nossa antiga, mas sempre santa capital. O que será mais vantajoso? Arriscar a sorte do exército, atacar o homem, aquele maligno imperador francês, que nos humilha desde a batalha de 1805, ou entregar Moscou de vez?

Dokhturov, o único oficial de estatura baixa, mantinha-se sem posição.

– Eu acho que devemos dar um tempo para o sereníssimo decidir, mas também acho que devemos agir logo.

– Você não conta! – esbravejou o conde, furioso, para o modesto oficial. – Você já é conhecido, por todos nós, por viver em silêncio, temeroso em tomar algum partido. A única vez em que se sobressaiu foi quando, por engano, o velho Kutuzov decidiu enviá-lo para substituir o grande herói Bragation, morto em combate.

O comandante, sentindo-se atingido, ficou alterado.

– Vocês deveriam entender que nossa paciência e o tempo são os nossos verdadeiros heróis. Não temos condições de travar uma batalha, mesmo contra um Napoleão cansado, um exército que veio para a Rússia com 550 mil homens não é brincadeira. Veja o estado em que se encontram os poucos e bravos soldados que me restaram! Mal têm uma bota, um capote forrado de pele decente e são obrigados a dormir na neve! Meus soldados, senhores, suportam tudo isso, toda essa prova de patriotismo, com meias rações e sem uma gota de aguardente.

O conde aproveitou para dar uma espetada no comandante.

– Vossa alteza está se comportando como o general Barclay. Só pensa em retirada.

– Não ouse falar de Barclay. Será que já esqueceram que ele foi o verdadeiro herói na batalha de Borodino? Que graças à sua coragem, a sua cavalaria, ele ajudou o exército do seu precioso Bragation, que se meteu bem no meio das tropas mais fortes de Napoleão, comandadas, nada menos, que pelos marechais Ney e Davout! Se não fosse por Barclay, as perdas teriam sido muito maiores. Graças a ele, pelo menos, saímos com o moral mais elevado do que os franceses, que ficaram esgotados e desanimados.

A força dos oponentes deixou a reunião em desequilíbrio. De um lado, em uma formação compacta, concentravam-se vários oficiais, incluindo Ermolov, Dadidov e Tomasov, que defendiam a ideia do conde. Do outro, Kutuzov, que se sentia isolado naquele confronto. Sem medo, o líder tomou sua posição.

– Se querem tomar partido desse homem que todos dizem, pelas minhas costas, que é quem dirige as operações, vão em frente, mas não contem comigo.

Ermolov se aproximou de Kutuzov e disse-lhe respeitosamente:

– Alteza, o inimigo está lá, parado na nossa antiga capital. O senhor ordena o ataque, e eu o conduzirei.Organizaremos tudo o que for necessário para acabarmos logo com essa guerra.

Kutuzov, mais irritado com a falsidade do camarada, afrontou a todos de uma só vez.

– A guerra não é uma coisa organizada, uma mesa cheia de mapas e recheada de informações precisas dadas por oficiais competentes. Não é mesmo! Ela é horrível e cheira mal. A guerra é feita de espionagens, de intrigas, de traições, de armadilhas, mentiras e boatos que são chamados, por alguns, de astúcia; por outros, de estratégia militar.

– Nada disso! – interceptou o conde. – Isso são apenas desculpas de um homem cego, que mal consegue montar e que só pensa em fugir.

– Fugir! – contornou o general o inesperado ataque. – Meu caro conde, não sou homem de palavras evasivas, sou e sempre serei aliado dos números. E se o senhor fosse um pouco mais racional, veria que pelos dados que me chegam, estou no caminho certo para alcançar a vitória.

– Dados! Não acabou de dizer, com sua ironia, que só recebe informações de incompetentes?

– Para minha felicidade, conde, nessa guerra, posso contar com pessoas da mais elevada estirpe – sorriu Kutuzov, dando um discreto aceno para Ivan, que retribuiu apenas com um orgulho refletido no olhar. – Graças a esses patriotas devotados, que jamais colocam seus interesses e sua pele acima da grande Rússia, tenho em meu poder números, números que podem fazer a diferença entre a vida e a morte.

– Números – ricocheteou Benigsen andando entre os seus aliados. – E o que dizem seus números?

O general, sem perda de tempo, armou um mapa na frente dos reunidos e foi posicionando peças representando o movimento dos exércitos.

– Em junho, Napoleão armou um grande exército de 550 mil soldados, nós começamos com 127 mil comandados por Barclay, 48 mil por Bragation...

– Os meus 43 mil estavam aqui – mostrou Tomasov, perfilando as peças.

O mapa foi tomando a forma de um verdadeiro tabuleiro com suas peças de xadrez. Marechais, cavalaria e artilharia tomavam suas posições. Kutuzov prosseguiu com a marcha dos acontecimentos.

– Napoleão deixou de reserva na fronteira 150 mil e nós repartimos as nossas reservas em duas, aqui e ali – o velho oficial preencheu o desenho das fronteiras com as peças. – Com 400 mil, Napoleão adentrou pelas nossas terras. Desse total, 72 mil foram desviados para outras posições. Durante o percurso, o grande exército foi afunilando à medida que avançava na imensidão da nossa santa Rússia. Muito devemos ao nosso primeiro grande aliado, o nosso tórrido verão, que devastou os campos e as fontes de água e, desse modo, foi matando os soldados e os cavalos franceses. As chuvas pesadas que fizeram um lamaçal deram também um grande golpe no nosso inimigo. É verdade que recuávamos a cada nova investida dos franceses, mas queimávamos, com a ajuda dos camponeses, tudo o que pudesse ser utilizado pelos franceses. O tempo todo, eles foram sendo abatidos por um trabalho incessante de guerrilha do nosso exército e dos cossacos. Assim, o grande exército de Napoleão foi afunilando pelo caminho, morrendo de fome, de exaustão pelas enormes marchas forçadas nessa terra imensa, de doenças naquele calor insuportável e também sendo abatido pela heroica guerrilha.

– Nós também sofremos muitas perdas – lamentava Tomasov, ao fazer algumas peças se deitarem. – O sol castigou a todos.

– É verdade – Kutuzov deslizava os dedos enrugados pela rota da destruição. Depois de uma breve pausa, em memória aos homens perdidos, o general recompôs-se. – Mas sabe quantos, depois desse confronto com a natureza da nossa santa mãe Russa, conseguiram chegar até Borodino? – pegou o russo uma peça francesa, batendo com força bem em cima do ponto negro onde ficava a cidade russa. – 133 mil, senhores!

– Sim, general, mas... – completou Ermolov o mapa da batalha com as peças russas. – o senhor contava com seus 120 mil e também com uns 17 mil cossacos.

– Eram 30 mil – rebateu Tomasov.

– Esse é que é o problema com os cossacos – disse Kutuzov sem tirar os olhos do mapa. – Nunca podemos saber o que vão fazer, onde vão aparecer e muito menos quando vão atacar. É, eu poderia até estar com maior número, todavia não podemos esquecer da artilharia! Isso sempre desequilibra uma guerra, além das brilhantes táticas de combate! E nessa batalha os números mostram, Napoleão soube tirar o melhor proveito da sua excelente e móvel artilharia. Final de combate! – bradou o general derrubando algumas peças em cima de Borodino. – Franceses perdem 35 mil e russos 45 mil. Aí está, senhores! Aí está a resposta de porque devo deixar Moscou. Napoleão, que contava com 550 mil, hoje, só pode contar com 100 mil! Nós cortamos sua linha de suprimentos. É uma questão de paciência e contar com a ajuda do inverno para expulsar a besta de nossas terras sem perder mais nenhum dos meus valorosos soldados, exaustos e desguarnecidos de provisões.

– Todo esse seu joguinho de guerra foi para dizer que vai deixar Moscou para aquele conquistador? – voltou à luta o conde Benigsen.

– Eu não vou tomar nenhuma decisão para satisfazê-lo. O meu dever é ganhar a guerra e é isso que estou fazendo. E, desta vez, não tenho de acatar os conselhos de mais ninguém.

O conde, irritado, sentiu que era hora de esmagar Kutuzov, lançando uma carga de palavras avassaladoras.

– Eu não vou mais aceitar essas suas desculpas! Continuará negando ao povo russo o direito de ser defendido pelo seu exército? Devemos abandoná-los? – alguns oficiais ficaram cochichando, animando Benigsen a inflamar o discurso. – A antiga e santa capital da Rússia deve ser recuperada a todo custo, sem nenhuma gota de covardia, sereníssimo!

Todos, num silêncio mortal, fixaram o olhar em Kutuzov que, respirando profundamente, tossiu forte e revidou.

– A base de um militar é a disciplina. É ser obedecido sem ser questionado. Sereníssimo merece respeito. Um dia, eu conseguirei a tão sonhada vitória e serei homenageado, mas isso não valerá a pena se depender de sacrificar inutilmente os meus homens. Por Deus! Agora, eu exijo que minhas ordens sejam cumpridas. Pelos meus cálculos, posso assegurar que Napoleão será obrigado e deixar a nossa Moscou, exatamente, daqui a três dias. Vamos esperar!

Nesse momento, o ajudante de ordens Ligeirov pediu licença para entrar. Kutuzov aproveitou o reforço e encerrou bruscamente o conselho de guerra. O pessoal, seguindo o conde desapontado, abandonou o local.

O líder pegou uma cadeira e tombou totalmente exausto, depois, com um leve sorriso, olhou para Caio e Ivan, que se mantinham parados como estátuas, impressionados com o que presenciaram. Mais calmo, o velho líder falou com o ajudante.

– Já distribuíram a ração e os biscoitos para o regimento?

– Sim, sereníssimo!

– Tem certeza? – o ajudante balançou a cabeça várias vezes confirmando. O general russo, aliviado, desabafou. – Finalmente, uma ordem minha foi executada.

13 - As Cartas

Não existe grandeza onde não existe simplicidade, bondade e verdade.

Leon Tolstoy

Passaram-se quatro dias. Kutuzov passara, praticamente, a última noite rolando na cama. Isso acontecia constantemente devido à sua idade, seus longos 67 anos, mas dessa vez sua insônia aumentara em razão das preocupações que o afligiam. O caso era que não suportava a ideia de tomar a decisão de travar batalhas, sacrificar seus soldados, para satisfazer o espírito de patriotismo espalhado por Benigsen. Ao fechar os olhos, imagens de pessoas desfiguradas, segurando baionetas, invadiam a sua mente. O comandante em chefe, dominando os seus temores, acordou ao alvorecer para pensar na difícil decisão.

No café da manhã, o general aparentava desânimo, mexendo sem parar a colher no copo de leite. Limitava-se apenas a responder, de forma evasiva, a qualquer questão ou a tirar uns pequenos cochilos.

– Sim, sim, está certo! Pode prosseguir com o relato.

– Senhor, eu ainda nem comecei – respondia Ermolov.

– Oh, claro, mande, então, distribuir.

Kutuzov parecia estar perdendo sua capacidade de liderança, porém tanto Caio como Ivan sabiam que, no fundo, o general estava angustiado demais para se concentrar naquelas tarefas.

Aos poucos, o líder voltou ao normal, abandonou as tristezas e pôs-se a usar novamente a sua longa experiência militar.

– Vá, meu caro, vou tomar todas as medidas necessárias. Estou bem agora – disse o líder a Ermolov, que o obedeceu.

Durante o dia, o general tentou coordenar os trabalhos, inclusive a respeito do exército de padiolas que só aumentava, liderado por médicos uniformizados por aventais ensanguentados. Dentro da tenda com o grande adversário de Napoleão, estavam Caio e Ivan, que se mantinham compenetrados na organização dos documentos que eles levariam para o marechal Toll, escoltados pelos cossacos do destacamento do capitão Neveeski, um nobre russo, alto e moreno, com uma cicatriz na forma de meia-lua no rosto. Kutuzov estava aflito tentando fugir do cerco imposto por Ermolov e Tomasov, lendo uma carta enviada pelo amigo Barclay. O velho amigo adoecera após a batalha de Borodino, por isso, foi obrigado a reformar-se do exército por desavenças e, agora, encontrava-se nos arredores da cidade de Vladimir.

"Ao amigo e estimado Kutuzov

Agradeço por me enviar seus sinceros votos por minha melhora. Meu corpo está aguentando como pode, mas, o que mais esgota minhas forças são os pesados insultos que escuto diariamente a minha volta. Depois de tantos anos dedicados ao exército, de tantas batalhas, sinto que essa batalha de boatos falsos sobre ter sido covarde em Smolensk está me derrotando. Se pelo menos o tzar tivesse me permitido usar a arma da réplica, se tivesse me deixado publicar os meus feitos na batalha de Borodino, certamente eu teria conseguido acabar com essas intrigas, e minha família, meu antigo clã escocês, não teria mais vergonha de mim. A única coisa que me faz sentir melhor é saber que a verdade, um dia, virá à tona e que, enquan-

to isso, eu posso contar com amigos fiéis como você, que mesmo tão carregado de preocupações ainda consegue tempo para se preocupar com a minha pessoa.

Eu sei que está sendo tremendamente pressionado, assim como eu mesmo o fui, mas tenho certeza que vossa alteza com sua sabedoria e experiência será, no final, vitorioso.

Do seu agradecido amigo,
Mikhail Bogdanovich Barclay de Tolly".

Comovido, Kutuzov relia várias vezes a carta, enquanto os dois generais continuavam insistindo em obter soluções sobre questões pendentes, até que um ajudante de ordens entrou afoito.

– Sereníssimo! Sereníssimo! Fomos informados que o exército francês está se retirando de Moscou.

– O que foi que você disse? – o velho oficial russo arregalou os olhos e falou num tom ríspido. – Repita isso devagar.

– Senhor, Napoleão saiu de Moscou. Ele está fugindo. Está voltando para a França. Ganhamos, senhor! Ganhamos!

Houve um pequeno alvoroço entre os presentes.

– Isso é verdade? – o líder olhou desconfiado para o ajudante. – Quem trouxe a notícia?

– Fui eu, meu velho amigo! – respondeu um estranho, entrando inesperadamente no recinto, com o braço preso numa tipoia, vestindo uma longa capa que lhe cobria o rosto. Após um breve suspense, revelou sua identidade.

– Paiii! – gritou surpreso Ivan.

– Ivan! – o pai, o príncipe Sputnik, segurou com força os ombros do filho. – Mas, como? O que está fazendo aqui? Onde está a sua mãe?

– Ela me mandou pra cá com esse meu amigo.

O príncipe cumprimentou Caio, meio distraído. Queria continuar com as perguntas, mas lembrou-se do comandante e foi saudá-lo.

– Sereníssimo!

– Nicolau, meu bravo amigo! – retribuiu o sorridente Kutuzov ao príncipe. – Que notícia é essa que está trazendo?

– É a mais pura verdade, meu comandante – Nicolau, emocionado, deu um sincero sorriso. – Napoleão saiu de Moscou nesta madrugada, senhor. Vim o mais rápido possível para avisá-lo.

– Deus seja louvado! – gritou Kutuzov se ajoelhando. – Meus cálculos estavam certos. A Rússia está salva.

Kutuzov se surpreendeu com a entrada brusca de uma ordenança acompanhada por um emissário real, vindo da atual capital russa, São Petersburgo, trazendo uma carta do imperador Alexandre I. O sereníssimo o recebeu e, em seguida, ainda trêmulo pela emoção da retirada, leu a carta.

"Ao *Príncipe de Smolensk, Mikhail Kutuzov*

São Petersburgo

Estou muito triste com a notícia fornecida pelo conde Benigsen de que resolveu abandonar Moscou. Bem pode imaginar o quanto estou desapontado com essa decisão. Eu e o povo russo o responsabilizamos por essa humilhante derrota. Desejo que pense nas consequências, pois certamente quando o vir pessoalmente poderá ser severamente punido, podendo sofrer o rebaixamento do seu posto e a privação de suas medalhas.

Espero que mande por esse mensageiro as suas justificativas, antes que eu decida por essas pesadas punições".

Aleksander Pavlovich Romanov

Tzar Alexandre I da Rússia

O chefe russo, antes que pudesse dizer algo, foi novamente interrompido. Desta vez, por um outro mensageiro especial com uma carta de Napoleão. Kutuzov, intrigado, leu-a rapidamente.

"Ao valoroso marechal, comandante em chefe, príncipe Kutuzov

Envio a Vossa Alteza um dos meus generais ajudantes para exprimir meus sinceros sentimentos de estima e consideração. Aproveito a ocasião para enviar minhas condições para aceitar sua submissão e de seus grandiosos homens que certamente serão recebidos como meus mais novos súditos e dessa forma colocados sob minha proteção. Segue a lista para formalizar a sua rendição".

Ao término da leitura, Kutuzov olhou para todos que estavam curiosos com o conteúdo das cartas. De repente, ele se sentou e caiu na gargalhada sem parar. Ermolov, balançando a cabeça, deu um suspiro e comentou.

– É, senhores, o velho caducou de vez.

Kutuzov, ao ouvir aquelas palavras, olhou para cada um e, depois, explodiu em uma nova gargalhada, socando as mãos no ar.

14 - A Retirada de Napoleão

Todos pensam em mudar o mundo, mas ninguém pensa em mudar a si mesmo.

Leon Tolstoy

No acampamento, os ajudantes e os oficiais corriam de um lado para outro, preparando o exército russo para uma nova marcha.

Os oficiais davam ordens aos soldados para iniciarem os trabalhos de afiar os sabres, e suas ordenanças contavam o número de barris de pólvora colocado em cada carroça e o de canhões, calculavam a quantidade de pólvora para cada saco levado no cinturão, dividiam a ração, distribuíam mosquetes e calculavam o número de balas que poderiam ser gastas em batalha.

Os cossacos e outros oficiais traziam, a todo momento, novas informações sobre os movimentos da retirada do grande exército napoleônico.

O príncipe Sputnik ficou no comando de um dos regimentos, acompanhado pelo filho e seguiu pela estrada de Smolensk. Caio, já montado no seu cavalo branco, acompanhou os cossacos para uma outra missão.

Os franceses deixaram Moscou carregando suas armas e pesados sacos, resultados de seus saques. Napoleão seguiu em frente, levando os seus despojos de guerra em sua carruagem com o desenho de um monograma e uma coroa puxada por magníficos cavalos. Um longo comboio o seguia com o restante do seu tesouro particular.

Durante a viagem, os franceses passaram pela estrada de Kaluga e seguiram para a estrada de Smolensk em direção a Viazma, a mesma que usaram para chegar em Moscou, que agora se encontrava devastada pelos camponeses que queimavam seus pastos.

Caio assistia a toda aquela retirada do alto de uma colina. Sua expressão séria mirava todo aquele campo coberto por uma massa compacta de homens marchando com vontade e carregando suas armas, suas mochilas e seus produtos de guerra. O exército de 20 nações, visto do alto, parecia mais um desfile multicolorido. Os franceses surgiam com um pouco mais da metade do exército em seu uniforme azul, os prussianos seguiam com azul de tom diferente, o branco era destacado pelos austríacos, o marrom pelos espanhóis e portugueses, o amarelo pelos suíços, os húngaros com calça azul-celeste... Além desses, havia ainda alas formadas por pequenos reinados, cujos uniformes, às vezes, lembravam os franceses e até mesmo os dos próprios russos, que conservavam fardas verde-escuras.

"*Quanta gente! Quanto frio!*" pensava alto Caio Zip, que se encontrava apenas acompanhado por seu cavalo. "*Como esses soldados conseguem carregar tanta coisa?*"

Mais recuados, atrás das carretas e canhões, vinham os prisioneiros separados em oficiais, soldados e espiões.

A atenção de Caio se voltou por um momento para a ação dos cossacos que o haviam deixado ali. Os camaradas bárbaros queriam aproveitar a confusão para tomar armas e cavalos dos franceses abatidos, mas um dos comandantes russos os obrigava a conterem-se. Não levou muito tempo para os hábeis cavaleiros se desviarem da atenção do oficial, a quem eles achavam que nada deviam, muito menos, obedecer ordens. Ficaram à espreita, rodeando as presas indefesas. Numa de suas tentativas de emboscada, todavia, tiveram a fatalidade de se depararem, nada mais nada menos, com o próprio imperador.

Um tiro foi desferido contra um dos soldados franceses pelo cossaco montado num cavalo branco. Outro tiro acertou na perna do francês ajoelhado que apontava o mosquete para o atirador em cima de uma montaria mais afastada. Um terceiro combatente de Napoleão jogou-se contra o cavalo e derrubou o cavaleiro, que caiu de costas segurando um sabre. O cossaco tombado, logo voltou ao combate se jogando contra seu adversário. A briga começou. Os dois, em pé, lutavam pela posse do mosquete francês. O francês cerrava os dentes, enquanto o guerreiro, quase se desequilibrando, abaixou a mão até alcançar o cinturão... No outro instante, um punhal foi enterrado no corpo do francês, que não mais mostrava qualquer expressão a não ser a de morte súbita.

Tudo parecia perdido para o imperador, mas a sorte juntou-se ao acuado. Napoleão deveu sua vida aos olhos brilhantes dos cossacos que não resistiram à tentação e apoderaram-se das joias e do ouro escondidos na carruagem. Graças às circunstâncias criadas pela ganância dos guerreiros, o imperador aproveitou a divina chance para escapar.

"Que sorte danada do Napoleão!" pensava Caio. "Por pouco, mas por pouco não o fizeram prisioneiro!"

Foi se passando o tempo e Caio mantinha a vigília sobre o movimento francês, ora acompanhado por cossacos, ora sozinho. O gelo começou a avançar sobre o exército que fugia do destino trágico que os castigava a oito graus abaixo de zero.

O rastro deixado pelo grande exército estava cada vez mais fácil de seguir. Se no início havia uma massa cinzenta de pegadas e linhas deixadas pelas carretas e pelos armamentos, agora se espalhavam pontos coloridos por todo o campo coberto de branco. Eram sacos, roupas luxuosas, baús com peças de ouro e móveis que eram abandonados pelos soldados com neve pelo joelho.

Foi fácil para o rigoroso inverno começar a desarmar os soldados. O vento norte tratou de fazer a sua parte, queimando a pele, endurecendo os dedos descorados. Um a um, os soldados foram sendo obrigados a jogar fora as armas geladas que grudavam em suas mãos. O vento cortante dificultava a respiração a ponto de fazer com que o ar expirado produzisse cristais gelados nos lábios, na ponta do nariz e nas pestanas. A fuligem nos rostos, principalmente debaixo dos olhos, impedia que se ficasse cego com a intensa luz emanada pela neve que os cercava. Os rostos distorcidos dos soldados davam a impressão de que se estava diante de seres com máscaras fantasmagóricas.

O tempo foi parando naquele lugar, caindo para dezoito graus abaixo de zero. As árvores ficaram petrificadas com troncos curvados pelo vento norte. As águas do pequeno rio foram paralisadas e tornaram-se longos espelhos refletindo o sofrimento do exército que ali deslizava. O peso do frio forçava os homens a curvarem-se e andarem cada vez mais lentamente. Tão lentas ficavam as batidas do coração que em muitos cessavam por completo. O tempo conservava os corpos na posição em que tombavam, congelava as expressões de derrota. O vento tratava de levar a longas distâncias os prantos dos soldados moribundos, cavando suas trincheiras, suas futuras covas. As patas dos cavalos e as rodas das carretas, dos canhões e das carruagens passavam por aqueles despojos de guerra, pelos corpos vencidos sem combate e que estalavam como galhos secos. Mais e mais farrapos humanos tombavam sem derramar uma gota de sangue, deixando somente um rastro de uniformes em trapos, munições e armas congeladas e inúteis. Os cavalos mortos não tinham o mesmo destino. Mal deitavam e um enxame de esfomeados arrancava suas partes carnudas.

Quando a noite estava por chegar, parte dos soldados afundava nas florestas à margem da estrada. Com machados, quebravam galhos e toras de madeiras. Depois, voltavam para os companheiros, amontoavam a lenha e, logo antes do escurecer, encolhiam-se perto da fogueira. Alguns preparavam bolo de farinha usando o gelo lamacento derretido e, para dar um gosto, na falta de sal, polvilhavam dos cartuchos o sabor picante da pólvora. Os que ainda não tinham devorado a carne crua da antiga montaria fincavam os pedaços num graveto e assavam no carvão. Para os oficiais lhes eram reservadas as poucas *isbas* de telhados vermelhos das aldeias russas ainda intactas. Na manhã seguinte, a madeira dos telhados das cabanas, as vigas dos celeiros, tudo que podia ser arrancado era levado pelos soldados para fazer pequenos abrigos ou apenas vários focos de calor.

Quanto mais o grande exército avançava, mais afundava no frio infernal que passou para vinte e sete graus negativos...

Caio não perdia uma cena, mas era muito difícil assistir a tudo sem se envolver. Aquele lugar era real, aqueles homens estavam sofrendo e morrendo... "*Homens*!" pensava Caio. – As faces sem barba de alguns que tombavam, as mãos pequenas e pouco robustas... Muitos eram tão ou mais jovens que Caio.

15 - Ataque dos Cossacos

O homem vive conscientemente para ele mesmo, mas é um instrumento inconsciente do alcance dos históricos, universais, objetivos da humanidade.

Leon Tolstoy

Numa manhã, Caio não resistiu e aproximou-se de um garoto com uniforme em trapos enegrecidos que fora deixado para trás sentado próximo a uma fogueira apagada.

– Ei! – chamou Caio com a mão esticada segurando um pedaço de pão. – O rapaz se conservava imóvel. Caio engoliu em seco. Tome, vai! Come um...

Ao tocar nas costas do inerte, Caio se jogou para trás deixando o pão cair na neve. A face, as mãos, o uniforme... Tudo estava chamuscado! O inverno fizera um novo aliado. O calor da chama da fogueira tinha sido tão acolhedor na última noite que o rapaz, entorpecido, não sentiu quando a chama o queimou.

Homens cansados e famintos, gelando de dia e assados de noite nas fogueiras. A cena se repetia tantas e tantas vezes que os sobreviventes, para avançarem na sua marcha, para continuarem agarrados ao fiapo de vida, trancafiaram toda a compaixão nos corações endurecidos. Ficaram surdos aos apelos, cegos à dor e mudos por vergonha.

Não se podia mais distinguir soldado, oficial e prisioneiro. Só havia farrapos animalescos com barbas geladas asquerosas, cabelos cravejados de piolhos e rostos onde formigavam vermes. A terra aceitou de bom grado a mortalha branca de trinta e seis graus negativos que ocultou a imensa massa de cadáveres.

O restante dos franceses em fuga, marchando sem descanso, era perseguido pelo exército russo exausto e esfarrapado que iniciara a campanha de Tarutino, munido de 100 mil homens e que agora estava reduzido à metade.

O comandante em chefe russo, preocupado, tentava com suas deduções convencer seus oficiais que se mantivessem afastados.

– A nossa vitória na batalha de Tarutino, onde enfrentamos 26 mil franceses comandados por Murat, e as longas cinco semanas parado em Moscou, deixando os soldados franceses a saquearem e a embebedarem-se, certamente, foram fortes razões para Napoleão deixar o país, mas qualquer bom caçador sabe que um animal ferido torna-se mais perigoso. Napoleão é um grande estrategista e é capaz de manobras bem audaciosas. Eu não posso lançar meus homens sem estudá-lo, sem saber o que planeja e para onde seguirá. Está, há tempos, tentando despistar-nos a fim de nos deixar mais esgotados. Não troco um só soldado russo por 10 desses invasores.

A experiência dizia a Kutuzov que naquele momento só bastava continuar tendo paciência. Certamente, a terra russa cicatrizaria suas feridas, e a febre elevada, causada pelos focos de incêndios nas pastagens, seria amenizada pelo tempo, pelo inverno que chegara mais cedo naquele ano de 1812. Era uma questão de tempo constatar que sua estratégia em não atacar diretamente o exército napoleônico evitaria que abrisse novamente a ferida, deixando-a maior. Só assim, poderia proteger seus homens de um combate desnecessário, que, dessa vez, poderia ser mortal. Para ele, bastaria deixar as estradas, as vias desobstruídas, para que a paz voltasse a fluir novamente. Com insistência, receitou aos seus oficiais que se mantivessem à distância, vigiando a massa francesa em decomposição. Os franceses, por si sós, estavam contaminados pelo germe da desunião, entrando em colapso, matando uns aos outros para obter comida, desertando ou simplesmente se rendendo, implorando para serem feitos prisioneiros, acreditando que, dessa forma, seriam, pelo menos, alimentados pelas fracas e também esfomeadas tropas russas.

Apesar da sua sabedoria, o experiente oficial não conseguiu evitar que seus generais zombassem de sua ciência militar e os arrogantes ignoravam suas ordens. Tchitchagov era um desses generais. Ele, seguido por outros, executava operações de ataque, pensando que desse jeito estaria dando o definitivo golpe de misericórdia.

Assim também pensava Neveeski e seus camaradas que, durante a viagem, não resistiram à tentação e, na primeira oportunidade, foram em perseguição a um comboio bem-escoltado na estrada de Smolensk. Espreitaram a caça valiosa para depois atraí-la, sem compaixão, a uma armadilha fatal. Sem perceberem a astúcia do capitão russo, os franceses, atordoados, correram desesperados, tentando fugir do cerco, mas no final acabaram indo direto para uma fina camada de gelo que cobria um lago de grande extensão e, de uma só vez, foram engolidos, assim silenciando os gritos e gemidos de numerosas vozes.

Com uma arrancada infernal, os cossacos abalaram as linhas francesas que não tiveram tempo nem forças para se defender. Os guerreiros despencaram sobre tudo e sobre todos, galopando diretamente sobre o oficial. Escolhendo o momento para o lance final, dois cossacos avançaram furiosamente sobre o comandante e fizeram o seu cavalo derrubá-lo. Um dos cossacos laçou o oficial tombado pelo pescoço. O rosto do francês foi se tornando cada vez mais roxo. Suas mãos tentavam a todo custo arrancar o laço. Seus olhos ficaram petrificados quando viu o outro cavaleiro vindo em sua direção a toda fúria, empunhando um sabre que brilhava ao sol. Essa foi a última visão do oficial antes de sentir o sangue jorrando de sua garganta, escorrendo por entre suas mãos sem mais vida. Com a resistência vencida, os cossacos capturaram o comboio e qual não foi a surpresa ao abrirem caixas recheadas de Chambertins. Sem apear de seus cavalos, degolaram os gargalos das garrafas de vinho com seus sabres e derramaram na garganta a preciosa bebida de Napoleão como se fosse água. Com aquela conquista, ficaram agitando, batendo as espadas, rodando, investindo, recuando, abaixando-se em uma dança alucinante. Fizeram até duelos entre eles para ver qual daria o melhor espetáculo de acrobacias complexas, executadas com perfeição.

No meio desse turbilhão de acontecimentos, ninguém havia sentido a ausência de Caio, que, há horas, havia se entranhado pela floresta e se perdido entre as inúmeras árvores parecidas. O eco das vozes embriagadas lhe pregara uma peça, fazendo-o afastar-se cada vez mais do destacamento de Neveeski. Subindo uma colina com as patas do animal cobertas pela neve, tentou descobrir sua posição, mas o máximo que conseguiu foi constatar que se encontrava sozinho e, agora, estava cercado apenas pelo som do vento se chocando contra as árvores num imenso deserto gelado. A batidas aceleradas do coração e a respiração fumegante do seu cavalo deixavam-no mais atemorizado.

De súbito, um uivo cortou o ar. O cavalo, assustado, e antes que Caio pudesse controlá-lo, deu um forte relincho, ergueu as patas dianteiras e derrubou o rapaz no chão. Caio permaneceu deitado e, cuspindo a neve que cobria seu rosto, viu com dificuldade o animal fugindo a galope.

– Essa não! – ralhou o garoto, socando o chão com as duas mãos. –

Socorro!

O eco levava para longe seu grito, mas a resposta não retornava.

Caio, levantando-se devagar e limpando-se de qualquer jeito, de repente, ouviu um rosnado ameaçador vindo das suas costas. Ele, respirando fundo, virou-se lentamente. Lá estava o que a sua imaginação já o advertia, só que muito pior. Uma matilha de lobos acinzentados o afrontava e, em passos ameaçadores, começaram a formar um círculo à sua volta. Mais à frente da matilha, encontrava-se diante de Caio um lobo diferente dos outros. Seu pelo era mais claro e com um focinho menos pronunciado. Seus olhos eram de um cão, mas nada naquele olhar lembrava a afetividade de um fiel espécime canino. Os dentes à mostra, os olhos cruéis e o pelo eriçado denunciavam sua verdadeira natureza. Caio estava diante do líder, sim, porém um sanguinário cão selvagem, sem medo e sem o respeito milenar dos lobos, pronto para atacar homens desarmados. Engolindo em seco, Caio, que estava um pouco curvado, tentou com cautela pegar um pedaço de madeira. Quando seus dedos estavam prestes a tocá-lo, o lobo-cão soltou um forte rosnado e lançou-se para o ataque. Caio segurou a respiração e preparou-se para tentar agarrá-lo, mas, no último instante, um milagre surgiu. O animal de dentes afiados, ainda no ar, foi ficando transparente até desaparecer completamente sem deixar nenhum vestígio, tragado por uma nuvem azulada. Caio, boquiaberto, não conseguia acreditar em tamanha sorte. Mesmo ofegante, olhou para os lobos sem liderança, parados, assim, sem hesitar, agarrou o pedaço de madeira lisa, fixou os pés como pôde e deslizou pela colina como se estivesse usando seu velho skate. Sem mais a ameaça dos carnívoros, o *skatista* se concentrou nas manobras.

Apesar de ser sua estreia numa pista de neve, Caio, com uma certa facilidade, deslizou em zigue-zague e, ao avistar pequenos obstáculos, deu saltos e, ainda no ar, esticava as pernas para trás, segurava a prancha e terminava sua performance aterrissando de frente. Empolgado, aproveitou para desafiar a si próprio com outros truques. Num outro salto, feito a partir de um tronco que lhe serviu como uma rampa improvisada, deu um giro de 360 graus em pleno ar, mas, na descida, quase tombou ao perder o equilíbrio por um breve momento. Não satisfeito, sentindo a pura adrenalina se espalhando no seu corpo, preparou-se para um novo desafio. Desta vez se preparou para saltar por cima de uma enorme vala. Apesar de sentir um arrepio na espinha, deu uma guinada, tomou posição, deu seu salto mortal e em pleno ar...

Uma névoa azulada do portal do tempo envolveu seu jovem viajante, assim, finalizando sua apresentação.

Memórias de Napoleão

BONAPARTE

MEMÓRIAS DE NAPOLEÃO

Nasci na cidade de Ajaccio, em uma das mais belas ilhas mediterrâneas, a Córsega, em 1769. Esse foi o ano em que a minha ilha foi conquistada pela França. Meu pai, Carlo Bonaparte, aliou-se aos franceses e ocupou altos postos na administração local. Graças à ajuda do governador francês da Córsega, meu pai me inscreveu, quando eu tinha 10 anos, na escola militar de Brienne, na região de Champanhe.

Foi em Brienne que comecei minha luta por um pouco de paz. Hum! Como aqueles garotos da escola ousavam pronunciar o meu nome com acento corso, o que soa como "Napolioné" ou Na-paille-au-nez (palha no nariz). Mas pelo menos nem todos me viam como um intruso corso. Foi bom ouvir do meu professor que achava que eu era "uma rocha de granito aquecida por um vulcão". Como eu batalhei para, nas horas dos recreios, construir, no pátio da escola, minha pequena cabana com folhagens para que não me atrapalhassem nos meus estudos, que, mais tarde, descobriria que me seriam de grande valia para minha próspera carreira. Mas, na Escola Militar Real de Paris, ao estudar com o matemático Monge, que minha habilidade com a matemática foi mais desenvolvida.

Foi assim, em meio aos intensos exercícios de matemática, que me deixei embriagar pela leitura sobre a conquista da cidade santa pelos cruzados, narrada por Tasso, no livro "Jerusalém Libertada". Fui experimentando então "as primeiras emoções da glória", como assegurei ao conde de Las Cases, o meu memorialista (Memorial de Santa Helena).

Nada escapava à minha grande curiosidade. Além da minha paixão pela matemática, história e geografia, devorei Voltaire, Rousseau, D'Alembert, Mably e padre Raynal. Com a mesma vontade, li e reli os clássicos antigos, especialmente aqueles cujas linhas eram preenchidas pelas mãos de Plutarco e de Tito Lívio. Também fez parte do meu crescimento o meu grande amor pelo teatro francês, encenado por Racine, Corneille e Molière.

Após sair da Escola Militar, eu me juntei ao corpo de artilharia, uma espécie de elite intelectual do exército, cujo nível educacional era bem melhor. O meu sangue menos azul e aguado do que o da alta nobreza que dominava o exército francês me fez destacar. Uma das coisas que me lembro bem desse tempo de escola foi o meu protesto em que combati, com a ajuda do papel e da pena, o maior dos inimigos de um grande militar: o exagero de criados e de luxo que cercavam os alunos, tornando-os, a meu ver, fracos e alvos fáceis aos sofrimentos das guerras que futuramente haveríamos de comandar.

Sofrimentos... Sofrimentos das guerras não são difíceis para mim. O mais difícil são as batalhas que travo comigo mesmo todos os dias. Depois da morte de meu pai, a batalha só aumentou. Eu, com apenas 16 anos, eis-me oficial! Mas tendo a enorme responsabilidade de cuidar de minha mãe e dos meus irmãos José, Luciano, Carolina, Paulina, Elisa, Luís e Jerônimo, com apenas aquele soldo do exército... Isso é o que chamo de uma grande carga, de um grande passo.

Ah, a revolução! Quando veio a Revolução Francesa, em 1789, eu a recebi com entusiasmo.

Em 1793, a Inglaterra ocupou a Córsega e minha família foi exilada para o porto francês de Toulon. Essa cidade rendeu-se a uma esquadra inglesa, mas eu tive a sorte de ter meu plano de contra-ataque, recusado inúmeras vezes, finalmente aprovado pelo governo francês da época. Toulon foi reconquistada por mim, o capitão-canhão, como me haviam apelidado, e, graças a esse grande evento, minha vida mudou, tornei-me general de artilharia.

Em 1794, fui preso por causa de minhas conexões políticas, mas logo fui solto, após breves cinco dias, quando o governo da Convenção caiu e o Diretório, muito menos radical, entrou em seu lugar. Quando houve uma rebelião contra o novo governo em Paris, o general comandante das forças leais ao Diretório, Barras, chamou-me para comandar a artilharia do governo. A rebelião foi derrotada e, como recompensa, fui promovido a major-general.

O primeiro comando chegou às minhas mãos em março de 1796: o Diretório, confiante em minhas habilidades, nomeou-me para liderar o exército francês que lutava na Itália. Lá, venci mais e mais batalhas, mas foi só depois da vitória contra a Áustria, em Lodi, que eu passei a considerar-me um homem superior, destinado a realizar grandes coisas. Nessa época, eu tinha tanto prestígio e minhas vitórias davam tanto dinheiro à França que eu já me sentia poderoso o suficiente para desafiar o governo do Diretório.

Depois da Itália, fui para o Egito. Ah, o Egito! Foi lá que tive a divina inspiração de fazer o meu famoso discurso para meus soldados ao lado das pirâmides: "Soldados da França, do alto dessas pirâmides, quarenta séculos vos contemplam!". Sim, tentei com todas as minhas forças cumprir minha promessa. A minha missão ao invadir o Egito, desembarcando em Alexandria, era cortar o caminho britânico para a Índia, mas infelizmente meus comandados não tiveram êxito em contornar certos obstáculos.

Ao lado das centenas de canhões, havia um exército de 175 sábios, tais como astrônomos, geômetras, matemáticos, químicos, mineralogistas, técnicos diversos, pintores, poetas... Esses homens foram os grandes vitoriosos, pois tiveram de batalhar muito para poderem trazer luz ao antigo Egito. Eu, tal como o conquistador Alexandre, o Grande – que levara, em 334 a.C., um conjunto de especialistas e de filósofos gregos para estudar o Ori-

ente – queria somar à conquista militar os ganhos científicos que iria revelar ao mundo. Foi assim que abri o Egito aos olhos da ciência europeia, que iria trazer à luz o passado daquela esplêndida civilização esquecida e enterrada nas areias milenares.

Soube, mais tarde, que uma das minhas descobertas, desenterrada por um dos meus soldados, a Pedra de Roseta, como ficou conhecida, proporcionou a chave que permitiu decifrar a escrita hieroglífica egípcia. O texto que aparecia no fragmento basáltico era um elogio a Ptolomeu V e estava escrito em demótico, em grego e em caracteres hieroglíficos. A versão grega permitiu que um homem, a quem tive o prazer de conhecer, Jean François Champollion, decifrasse a escrita egípcia. Este meu achado representou uma contribuição fundamental para a arqueologia egípcia.

Apesar de minhas vitórias em terra, só consegui retornar à França após um ano e meio, pois minha esquadra tinha sido massacrada na batalha naval de Abouquir, pelo almirante inglês, a pedra no meu caminho, Horatio Nelson. Todavia, ao tomar conhecimento que o norte da Itália, que eu havia conquistado, fora recuperado pelos austríacos, tomei a sofrida decisão de abandonar meus soldados momentaneamente. Mandei preparar duas fragatas e duas pequenas embarcações e retornei secretamente a Paris. O governo do Diretório pensou em me prender por ter abandonado meu exército no Egito. Como ousariam! Eu já era tão popular, que nada mais podia me barrar!

Em 10 de novembro de 1799 (dia 18 de brumário, segundo o calendário republicano), eu, com o auxílio de militares e membros do governo, derrubei o Diretório. Também dissolvi a Assembleia e implantei o Consulado. Alguns a chamaram de uma ditadura disfarçada, mas eu nem me importei.

O Consulado foi o período de 1799 a 1804, no qual eu promulguei uma nova Constituição, reestruturei o aparelho burocrático e criei o ensino controlado pelo Estado. Enfim, essa foi a época áurea do meu governo, das minhas grandes realizações como governante, em que eu estava fazendo da França um país cada vez melhor.

Em 1804, promulguei o Código Napoleônico, que garantia a liberdade individual, a igualdade perante a lei, o direito à propriedade privada e o divórcio, e também o primeiro código comercial, que tratava o falido com muito rigor.

Em 1805, decidi adotar o calendário gregoriano novamente. Se realizei um governo ditatorial? Ora, só porque impus a censura à imprensa? Se perdesse o controle da imprensa não aguentaria nem mais três meses no poder. Outros me acusaram de usar a repressão policial, com o apoio do meu exército, para reprimir movimentos contra meu governo. Também esses acusadores não entenderam por que tornei as greves ilegais. Mas não me importei com esses críticos, pois as pessoas a quem devo temer não são as que discordam, mas as que discordam e são covardes demais para dá-lo a perceber.

Em 1804, após um plebiscito, eu coroei a mim mesmo e a minha Josefine, tomando das mãos do Papa Pio VII a coroa, com o título de Imperador Napoleão I.

Sob o meu comando, a França se tornou o primeiro país da Europa cujo exército deixou de ser uma classe militar vivendo à margem da sociedade. Todo francês podia ser convocado para o exército; um dos lemas herdados da Revolução Francesa foi o de que todo cidadão é um soldado! Por isso, apesar de não ser o país mais populoso da Europa na época, estava atrás da Rússia e do conjunto de Estados-nações que dividiam a Alemanha, a França podia colocar em armas quase tanta gente quanto todos os seus adversários juntos somados. Dizem que cheguei a gabar-me, mais tarde, que poderia me dar ao luxo de perder 30 mil homens por mês, uma quantidade absurda de baixas para a época. Deixem que digam o que quiserem. Os meus soldados sabem como me sinto, pois sempre, antes da batalha, fazia questão de relatar a verdadeira situação do que estávamos prestes a enfrentar.

Meu estilo de guerra era uma grande inovação! Fazia o possível para que meus soldados andassem muito mais rápidos do que os do inimigo: velocidade era minha grande característica. Para mim, lutar bem significava andar muito. Um bom soldado tinha de ser alguém capaz de aguentar longas e árduas marchas.

Os meus soldados não eram tão bem-treinados quanto os do inimigo, nem tinham tanta disciplina, mas, em compensação, tinham muito mais iniciativa. Eu sempre disse: muitas batalhas são ganhas por uma simples lembrança de guerras passadas. Eu não sou tão bom estrategista como dizem, apenas sou um estudioso de batalhas ocorridas em tempos idos. Eu conheço todo o desenvolvimento e decisões tomadas pelos notáveis homens que faziam da guerra uma arte, tais como Alexandre – o Grande, Aníbal – de Cartago, Júlio César e Átila – Rei dos Hunos.

Eu também gostava de lembrar aos meus generais que não se ganha uma guerra sem cometer erros. Mas, para não serem derrotados, tinham obrigatoriamente de errar menos que o inimigo.

Alguns dos meus hábitos

Eu tinha o costume de calcular antecipadamente como seriam minhas guerras e batalhas, e só entrava em combate depois de haver feito um planejamento bastante preciso do que deveria ser feito, o que incluía possíveis modificações em meus planos iniciais, em resposta às ações do inimigo. Uma das coisas que eu fazia bastante uso era de espiões e de patrulhas de cavalaria. Assim, eu conseguia sempre descobrir, com antecedência, o que o inimigo estava fazendo e, se possível, os planos adversários. Gostava de atacar sempre e, depois de uma batalha, eu sempre dava aos meus solda-

dos os meus sinceros parabéns pela vitória, mas nunca os deixava descansar; ao contrário, mandava que eles perseguissem o inimigo, para que este não se reorganizasse, ficando sem poder reiniciar a luta.

Curiosidades sobre a minha pessoa

Uma das grandes curiosidades dessa minha figura enigmática seria minha apreciação por vinhos. Eu frequentava Épernay (cidade localizada no coração da região de Champanhe) com tanta frequência que Jean-Rémy Moët, então dono da Moët & Chandon, construiu duas casas de hóspedes para mim e minha comitiva.

Uma das minhas frases que ficaram famosas em relação a vinhos foi: "Sem vinho, sem soldados. Nas vitórias é merecido, nas derrotas é necessário".

Um vinho tinto foi tão importante na minha vida que um dos donos da firma parisiense encarregada do meu fornecimento sempre me acompanhava nas campanhas militares. Eu elogiava o fato de o Chambertin ser um tinto encorpado e exigia que tivesse de cinco a seis anos de envelhecimento, consumindo meia garrafa por refeição. Mas, fiel a um hábito da infância, tomava-o com um pouco de água.

Vários episódios da minha vida se entrelaçam com minha bebida favorita. Para a ocupação do Egito, por exemplo, levei uma provisão tão grande de Chambertin que não consegui terminar. Retornei à França com ela, em boas condições, e elogiei muito a resistência do vinho. Quando invadi a Rússia, carreguei outro estoque enorme, pois sabia que a campanha seria dura. Com copos do grande tinto, festejei a minha vitória contra as tropas do general Kutuzov, na batalha de Moscowa, ou batalha de Borodino, como os vencidos russos, que se disseram vitoriosos. Mas, daí por diante, não tive muito a que brindar. Entrei em Moscou e, à noite, eu a vi em chamas. Esperei a rendição dos russos, mas não veio. Em seu lugar, veio o rigoroso inverno russo que obrigou a mim e ao meu grande exército a recuarmos. Na operação desastrosa, os inimigos cossacos me tomaram parte do vinho, que especuladores ofereceram, mais tarde, em Paris, como "Chambertin retour de Russie".

Você acredita que fui derrotado em Waterloo, pelo inglês Wellington e o prussiano Blücher, por ter sido a única batalha na qual não levei meu vinho preferido? Pois acredite, muitos até sustentavam que morri na ilha de Santa Helena, onde fiquei exilado nos últimos 6 anos da minha vida, por falta de Chambertin! Como puderam dizer tais zombarias?

É verdade que eu preferia comer com as mãos e, nos banquetes oficiais, esfregava o pão no molho que sobrara no prato, como se estivesse na minha casa na Córsega. Eu também gostava de receitas vigorosas e pesadas. Eu adorava sopas consistentes; e o cozinheiro de origem suíça Dunand, que trabalhou para mim a partir de 1805, esmerava-se nessas preparações. Uma das receitas que desenvolveu para mim recebeu nome militar: "sopa do soldado". Era uma mistura de feijão branco, batata e legumes e era cozinhada com pouco líquido, pois eu a apreciava bem espessa.

Afinal, por que perdi o poder? Mea culpa!

1) O meu grande erro político foi com relação à Inglaterra, meu inimigo número um. A Inglaterra foi o primeiro país do mundo a industrializar-se, assim, precisava do mercado europeu para vender seus produtos, principalmente tecidos. Como eu queria que a indústria francesa, mais nova e mais fraca, se desenvolvesse, eu fiz o possível para fechar a Europa aos produtos ingleses, o que foi chamado mais tarde de Bloqueio Continental. A família real portuguesa, por exemplo, foi para o Brasil porque os meus exércitos invadiram Portugal como castigo pelo fato dos portugueses ainda estarem negociando com a Inglaterra. Mas esse tipo de ação transformou a minha guerra contra a Inglaterra numa guerra contra toda a

Europa. Tão logo tinha uma vitória, os ingleses conseguiam juntar um novo grupo de países, em coligações, para me enfrentar de novo. Em 1805, eu estava absorto nos preparativos destinados à invasão da Inglaterra com um formidável exército que reduziria os ingleses a pedaços, mas a grande derrota naval francesa em Trafalgar pôs por terra o meu sonho da invasão. A esquadra inglesa era comandada pelo almirante Horatio Nelson, que morreu nessa batalha, três horas depois de receber um tiro de mosquete de um atirador de elite, um mosqueteiro a bordo do navio Redoutable.

2) Em toda a minha carreira, nunca lutei uma batalha apenas me defendendo: eu amava atacar. Em matéria de estratégia, como eu decidia tudo, os outros não planejavam nada; sem minhas ordens, meus exércitos ficavam impotentes: praticamente, nenhum outro general francês teve a chance de desenvolver por completo suas habilidades militares. Com o passar dos anos, os inimigos da França foram aumentando e seus exércitos tornaram-se maiores e melhores. As operações militares ficaram cada vez mais complexas que nem eu seria capaz de planejá-las sozinho. Nessa hora, passei a sentir cada vez mais a falta de um grupo de oficiais experientes que pudesse planejar as batalhas antecipadamente (o que os exércitos chamam de Estado-Maior). O exército francês, como o de todas as potências, também tinha o seu Estado-Maior, mas este nunca mandou sem mim.

3) No início, as minhas tropas francesas até chegaram a ser recebidas em muitos lugares, inclusive na Itália, como libertadoras. Beethoven e Goethe, os maiores artistas da época na música e na literatura, ambos alemães, eram meus admiradores. Beethoven compôs a Sinfonia nº3, em 1803, denominada "Heroica" porque glorificava um herói ideal, ou seja, era dedicada a minha pessoa. No ano seguinte, o músico arrancou a dedicatória porque ficou sabendo que eu me coroei pelas minhas próprias mãos como imperador. Com o passar dos anos, de libertador passei a ser considerado um tirano, um ditador, cuja derrota seria prioridade para que os povos da Europa tivessem paz novamente. Como dizia a mim mesmo: "No exterior e na França, eu só consigo governar graças ao medo que inspiro". Meus soldados passaram a ser vistos como saqueadores. Se ordenasse assassinar um inimigo político, ou quebrar um acordo de paz, ou oprimir um país inimigo, todas essas coisas acabavam juntando-se e formando uma multidão de inimigos que tudo faria para me derrotar. Assim, com o passar dos anos, fui adquirindo, aos olhos dos outros povos, a imagem de ser o pior dos monarcas. De nada me adiantou casar, pela segunda vez, com a jovem princesa da Áustria, Maria Luiza que, com apenas 18 anos, da família dos Habsburgo, da mais tradicional nobreza europeia, teve de me aceitar. Mas eu a amei muito. Tivemos um filho, um menino que tanto desejava para me suceder, que ficou conhecido como o rei de Roma. Mas o casamento que pensei ser a aliança perfeita entre a França e a Áustria... Isso o casamento não conseguiu manter por muito tempo.

4) A campanha contra a Rússia foi o grande desastre que mudou o rumo das minhas conquistas. Tudo começou com os russos quebrando o acordo com a França de apoiar o Bloqueio Continental contra os ingleses. Os russos, governados pelo Tzar Alexandre, achavam que não seria possível deixar de negociar com a Inglaterra. Por causa dessa quebra de palavra, eu organizei mais uma de minhas expedições militares a fim de puni-los. Para isso, organizei o Grande Exército, de 550 mil homens, que deveriam acabar com a raça dos russos. Eles me enfrentaram sob o comando do marechal, comandante em chefe, Kutuzov. Apesar de não conseguirem vencer-me na Batalha de Moscowa, e mesmo tendo nós franceses conseguido ocupar a cidade de Moscou, os russos não se renderam. Fiquei a esperar demais pela rendição. Que erro! Já estávamos com falta de suprimentos e o frio estava cruelmente chegando. O frio era um adversário imbatível. A minha recusa em reconhecer que estávamos sumariamente sendo derrotados pelos caprichos da natureza e até eu e meus homens sentirmos na pele que a Rússia era muito longe da França, longe de tudo que conhecíamos, levou todos os meus planos à bancarrota. O meu exército encontrou-se isolado do mundo, foi ficando sem abastecimentos e, por fim, tivemos de abandonar Moscou. A volta dos meus soldados no inverno, por azar o mais rigoroso dos últimos anos, foi uma catástrofe: no total, o meu exército napoleônico teve mais de 400 mil baixas, e nunca mais voltei a ter um exército tão forte. A guerra na Rússia foi um péssimo negócio. Eu me enganei, não quanto ao objetivo e à oportunidade política dessa guerra, mas quanto à maneira de fazê-la.

A grande decisão: a Batalha das Nações

No inverno de 1812-13, houve uma pausa nas lutas para que os exércitos recuperassem suas perdas maciças. Retirei-me até a Alemanha, onde consegui reunir 130 mil tropas. Mas, desgraçadamente, uma grande coalizão estava sendo formada contra a França. Os prussianos, percebendo que o exército francês tinha sofrido enormes perdas na Rússia, juntaram-se à aliança formada pela Rússia, Inglaterra, Espanha e Portugal.

No início, infligi uma série de derrotas aos aliados, culminando com a batalha de Dresden, em 26 de agosto de 1813, que causou quase 100 mil baixas às forças da coalizão, enquanto nós somente tivemos 30 mil.

Apesar do sucesso inicial, entretanto, os números continuaram a aumentar contra a França, pois a Suécia e a Áustria juntaram-se à coalizão. Fomos derrotados por uma força duas vezes superior na maldita batalha das Nações, em 16 a 19 de outubro, em Leipzig. E fomos traídos nessa batalha, pois alguns Estados alemães, que ainda estavam do nosso lado, no meio da batalha, mudaram para o lado da coalizão, comprometendo inapelavelmente nossa posição. Essa foi a maior batalha da guerra, a batalha que decidiu definitivamente a guerra e custou mais de 120 mil perdas aos dois lados.

Depois dessa derrota, retirei o restante do exército para a França, porém reduzido a menos de 100 mil soldados, logo cercado em território francês por um exército de mais de meio milhão de soldados da coalizão. A diferença era imensa, por conseguinte, a derrota tornou-se inevitável.

Assim, meus inimigos forçaram-me a renunciar ao trono de imperador em abril de 1814. Pelo tratado, decidiram exilar-me na ilha de Elba.

O canto do cisne em Waterloo

No ano seguinte, enquanto a Europa decidia seu futuro político no Congresso de Viena, eu consegui arquitetar uma fuga com êxito de minha prisão pouco vigiada, após uma festa onde tive a triste notícia de que minha Josefine falecera. Cheguei na França e, dessa vez, a resposta de meus inimigos foi rápida: mal tive tempo de preparar um novo exército e já enfrentava meus inimigos em novas batalhas. Acabei sendo derrotado na Batalha de Waterloo, em 18 de junho de 1815, 100 dias após o meu retorno à França.

Três exércitos foram envolvidos na batalha: o francês, um exército multinacional, sob o comando de Wellington, e um exército da Prússia, comandado por Blücher.

Tínhamos ao redor de 69 mil homens, sendo 48 mil de infantaria, 14 mil de cavalaria e 7 mil artilharia, com 250 canhões. Wellington tinha 67 mil homens, com 50 mil de infantaria, 11 mil de cavalaria e 6 mil de artilharia, com 150 canhões, mas ainda contava com a ajuda dos prussianos, que tinham 48 mil homens.

O 18 de junho de 1815 foi um dia injusto para a França. Tinha cho-

vido muito nos dias anteriores, o solo estava muito fofo e, por isso, perdi a notável mobilidade da minha artilharia, que seria a principal vantagem tática do meu exército naquela batalha e, além disso, os soldados e alguns oficiais, entre eles, o meu estimado marechal Ney, estavam emocionalmente esgotados por tantos anos de campanha. Assim, alguns erros de comando ocorreram, como a precipitação desastrada do marechal, que destruiu completamente a nossa valente cavalaria ao lançá-la a um ataque imprudente e malplanejado contra posições inimigas muito bem protegidas.

Meu retorno foi uma tentativa inglória. A verdade é que, mesmo que vencesse em Waterloo, eu não poderia vencer a próxima batalha, porque o exército que estava sendo formado pelos outros países seria insuperável para uma França exaurida.

Eu fui novamente forçado a renunciar ao trono e, dessa vez, fui levado para uma ilha bem mais distante da Europa, a ilha de Santa Helena. Lá eu envelheci, engordei e fiquei apenas cercado de alguns amigos e de minhas lembranças sobre minhas conquistas...

Foi um triste fim para um homem como eu. Morrer seja por um erro médico, seja por envenenamento, é muito desanimador. Por que não consegui morrer em um combate? Por que não morri logo pelas mãos dos meus carcereiros ingleses? Eles não tiveram essa ousadia porque temiam meu nome ser exaltado novamente, agora, sob a forma de mártir? Será? Seja como for, fiz o que deveria ter feito e agora tenho o grande consolo de ver que meus inimigos não conseguiram tirar a minha maior conquista: meu nome foi eternizado na história, junto de homens como Alexandre, o Grande.

O meu legado

Deixo aqui a lista de algumas das minhas inúmeras obras e que a humanidade seja minha testemunha. Fiz grandes reformas internas na

França, obedecendo ao princípio da igualdade jurídica de todos os cidadãos, surgido da Revolução Francesa. Persegui o objetivo de criar uma sociedade fundamentada na prosperidade e no mérito, e não em convenções e privilégios.

Normalizei as relações do estado francês com a Igreja, completei a obra jurídica de codificação das leis – principalmente o avançado, para aquela época em que vivi, código civil de 1804, conhecido como código napoleônico.

Centralizei e racionalizei a administração em torno da figura do prefeito.

Implantei um sistema educativo público amplo e eficaz, criando escolas secundárias estatais, nas quais havia bolsas de estudo, e inaugurei a Universidade da França.

Reorganizei a administração da justiça, desse modo, estabelecendo uma hierarquia única de tribunais estatais.

Criei o Banco da França e impus o Franco como unidade monetária nacional.

Minhas reformas foram um sucesso e serviram de exemplo para muitos países, ao longo das décadas seguintes.

A matemática nas estratégias militares

Para mim, o avanço e o aperfeiçoamento da matemática estão ligados à prosperidade do Estado. Sempre gostei da matemática. Afinal, ela foi uma grande aliada. Sempre inovadora.

Para fugir dos complicados cálculos usualmente empregados para determinar as melhores posições e assim escapar do fogo da artilharia inimiga, o meu grande professor matemático, Gaspard Monge, por exemplo, desenvolveu uma técnica revolucionária. Ele me contou que, ainda adolescente, após fazer um mapa elogiado por especialistas, foi incentivado a ingressar na escola militar, onde desenvolveu sua técnica para representar no papel as manobras militares, de tal forma que nada ficasse sob a mira do inimigo.

Ao perceberem a genialidade e a importância bélica do novo método, os militares o mantiveram em segredo por 15 anos. Só era permitido ensiná-lo aos futuros engenheiros militares. Somente em 1794, em plena Revolução Francesa, Monge pôde divulgar sua invenção em escolas civis de Paris.

Assim começou o estudo da geometria descritiva, que hoje vejo que se aplica não só na engenharia, em desenhos e projetos técnicos, mas também nas artes e nessa tal de fotografia. Afinal, quadros e fotografias são projeções, e geometria descritiva é, na verdade, um estudo das perspectivas.

O matemático, além de ter sido meu professor, foi um grande amigo, chegando a me acompanhar na invasão do Egito. Monge é pouco conhecido ou lembrado nos dias mortais de hoje. Mas ele está por trás de quase todos os projetos de engenharia e de todos os livros e trabalhos de geometria descritiva. Como membro da Académie des Sciences, participou, juntamente com Legendre, Carnot, Condorcet e Lagrange, do famoso Comitê de Pesos e Medidas (1790-1799), que implantou o sistema decimal de pesos e medidas.

Tentativas de invasão da Inglaterra

Meus mais persistentes inimigos foram os ingleses. Se a Inglaterra não fosse uma ilha, ou se não contasse com a proteção de uma valente marinha, com certeza, eu teria logo invadido sua ilha e definitivamente imposto a minha paz na Europa.

Pensei em diversas maneiras de invadir a ilha, algumas um tanto criativas. E os jornais ingleses adoravam fazer charges a meu respeito, como se eu fosse um louco comandando um enxame de soldados vindo em balões caindo sobre a ilha, ou, então comandando formigas cavando um túnel sob o canal da mancha, ou, até mesmo, à frente de tropas que se moviam debaixo do mar com a ajuda de algum dispositivo. E tudo isso tinha um fundo de verdade.

Patrocinei um inventor norte-americano, Robert Fulton, para construir o submarino Nautilus, em 1801. Esse engenho era feito de folhas de cobre sobre uma armação de ferro e tinha um mastro retrátil com velas para movimentar-se na superfície e um propulsor à força humana para movimento debaixo da água. Uma torre cônica com janela de vidro permitia a observação de dentro do engenho. O Nautilus submergia pelo uso de tanques de lastro e tinha bastante ar para manter duas velas acesas e quatro homens com vida por três horas debaixo da água. Mais tarde, meu interesse por esse invento diminuiu, pois o achei muito lento quando foi testado no rio Sena. O inventor acabou abandonando a França; soube que foi trabalhar algum tempo para os ingleses e depois voltou aos Estados Unidos.

Em 1802, veio a minha atenção o trabalho de um engenheiro francês, Albert Mathieu, que propunha a construção de um túnel de 30 quilômetros sob o canal da mancha. Seu plano incluía chaminés para ventilação do túnel e a construção de uma ilha artificial que serviria como uma estação a meio caminho para trocar os cavalos. Nessa época, durante a paz de Amiens, propus ao estadista inglês Charles Fox a construção conjunta do túnel. Infelizmente, os ingleses ficaram intrigados com a ideia de uma ligação fixa com o continente. Por que será que não gostaram da ideia?

Grand Finale

Como tive a sorte de conhecer tantos homens notáveis que me auxiliaram nas minhas conquistas memoráveis! Como tive a sorte de viver numa época tão revolucionária, de ver uma revolução. Enfim, tive momentos de glória, e minha maior conquista foi, é, e sempre será, ser aclamado como o maior de todos os imortais.

Adieu, mes camarades! Adieu!

Napoleão em seu trono imperial (pintura de Jean Auguste Dominique Ingres, 1806)

Vários quadros foram feitos mostrando o sofrimento do exército napoleônico durante a retirada.

Napoleão se retira da Rússia, 1812 (pintura de Adolf Northem/1828-1876). Museu Histórico de Moscou.

A retirada de Napoleão da Rússia (pintura de Viktor Vinkentevich Mazurovsky/1859-1923). Museu Histórico de Moscou.

Napoleão Bonaparte nas Colinas de Borodino (pintura de Vasily Vereshchagin, 1897) *Museu Histórico de Moscou.*

A Batalha de Borodino, perto de Moscou (pintura de Louis Lejeune, 1822). Museu Histórico de Moscou.

Os franceses no incêndio de Moscou, 1812 (pintura de autor desconhecido, 1820). Museu Histórico de Moscou.

Napoleão e seu exército avistam Moscou (pintura de Laslett John Pott/1837-1898), mostrando o alívio ilusório dos seus exaustos soldados. O destino é simbolizado pelo esqueleto no canto inferior direito. Museu Histórico de Moscou.

A autora

REGINA GONÇALVES é graduada em Matemática e pós-graduada em Análise de Sistemas. Regina é apaixonada por Arte, Ciência e História Mundial, paixão que a levou a ser a autora da série de livros "Caio Zip, o Viajante do Tempo", repleta de aventuras, mistérios e desafios.